FRANCESCO DURANTE

REQUIEM
(Messa de' morti)

C minor · Do minore · c-Moll

for Soli, Choir and Orchestra /
per soli, coro e orchestra /
für Soli, Chor und Orchester

First Edition / Prima edizione / Erstausgabe
(Urtext)

Edited by / a cura di / herausgegeben von
Stephen Darlington

Vocal Score /
Riduzione per pianoforte /
Klavierauszug

ALLE RECHTE VORBEHALTEN · ALL RIGHTS RESERVED

EDITION PETERS

LEIPZIG · LONDON · NEW YORK

ORCHESTRATION / ORCHESTRAZIONE / BESETZUNG

2 Corni in C / Do*

2 Violini

Viola

Basso continuo

(Violoncello, Violone / Contrabbasso, Organo)

Soli: Soprano (pp. 24f., 33, 86f.), Alto (p. 33f.)

Coro: 2 Soprani, 2 Alti, 2 Tenori, 2 Bassi

* solo No. 3.b *Sequentia (Tuba mirum)*, pp. 24f.

This edition of Durante's Requiem has been recorded with Stephen Darlington conducting Christ Church Cathedral Choir, soloists from The Sixteen, and Oxford Baroque. Audio samples and the complete recording are available at www.thesixteenshop.com (COR16147).

Picture credits · Crediti delle illustrazioni · Bildnachweise:

I, IV, V: With kind permission of · Per gentile concessione del · Mit freundlicher Genehmigung des Ministerio per i Beni e le Attività Culturali (Roma, Istituto centrale per la grafica, FN13850, 37689, 13846), published in · pubblicato in · publiziert in: Elisabeth Kieven, *Ferdinando Fuga e l'architettura del Settecento. I disegni di architettura dalle collezioni del Gabinetto Nazionale delle Stampe. Il Settecento*, Roma 1988, pp. 190, 192, 184

II: With kind permission of · Per gentile concessione della · Mit freundlicher Genehmigung der British Library, London (Add 14111, f. 152ʳ)

III: With kind permission of · Per gentile concessione del · Mit freundlicher Genehmigung des Museo internazionale e biblioteca della musica di Bologna (Cat. No. 064, Inv. B 11873 / B 39218)

© 2019 by Peters Edition Ltd, London

All rights reserved · Tutti i diritti riservati · Alle Rechte vorbehalten
Any unauthorized reproduction is prohibited by law.
Riproduzioni di qualsiasi tipo sono proibite dalla legge.
Vervielfältigungen jeglicher Art sind gesetzlich verboten.

ISMN 979-0-57701-342-8

CONTENTS · CONTENUTI · INHALT

    Preface IV
    Prefazione VIII
    Vorwort XII
    Illustrations · Illustrazioni · Abbildungen XVII

1.   Introitus – Kyrie 1
2.   Graduale – Tractus 12
3.a Sequentia (Dies irae) 21
3.b Sequentia (Tuba mirum) 24
3.c Sequentia (Mors stupebit) 25
3.d Sequentia (Quid sum miser) 28
3.e Sequentia (Quaerens me) 33
3.f   Sequentia (Ingemisco) 34
3.g Sequentia (Lacrimosa – Pie Iesu) 44
4.a Offertorium (Domine Iesu Christe) 50
4.b Offertorium (Versus: Hostias) 56
5.a Sanctus 60
5.b Sanctus (Benedictus) 67
5.c Sanctus (Osanna II) 69
6.   Agnus Dei 73
7.   Communio (Lux aeterna) 77
8.a Responsorium (Libera me I) 81
8.b Responsorium (Dies illa) 86
8.c Responsorium (Requiem aeternam) 88
8.d Responsorium (Libera me II) 90
9.   Kyrie II 93

Preface

Francesco Durante's Requiem in C minor enjoyed a considerable reputation throughout Europe from the year of its composition, 1746, until well into the 19th century. Durante was greatly admired as a composer and educator, and his most popular work, the five-part Magnificat in B♭, ensured his lasting renown as one of the most significant exponents of the so-called Neapolitan style in 18th-century sacred music composition. The composer's gift for combining elements from conservative traditions in sacred music with more radical new instrumental and operatic styles is striking in his Requiem in C minor. A published edition of this work is long overdue: it is certainly one of the most significant requiem settings of the mid-18th century, and provides choirs with the opportunity to expand their experience of this wonderful neglected repertoire. The music is melodious and dramatic and immediately appealing. My motivation in editing it has been to restore it and its composer to the consciousness of choirs and listeners, who cannot fail to be moved by its powerful qualities.

THE COMPOSER

Francesco Durante was born in Frattamaggiore on the outskirts of Naples in 1684, and died in Naples in 1755. Despite a shortage of biographical information for the years 1705–1728 and 1739–1742, it is known that his career as a musician took him to Rome, where he is thought to have studied with Giuseppe Ottavio Pitoni and Bernardo Pasquini, and where he became Maestro of the Congregazione e Accademia di Santa Cecilia. But for most of his life he was based in Naples (apart from 1739–1742 when his whereabouts are unknown), successively as Primo Maestro of the Conservatorio dei Poveri di Gesù Cristo (1728–1739), of the Conservatorio di S. Maria di Loreto (1742–1755) and of the Conservatorio Sant'Onofrio a Capuana (1745–1755).[1] These conservatories (along with a fourth, the Pietà de' Turchini) were originally founded in the 16th century for the education and care of young orphans and from the 17th century onwards they also took paying pupils, some of whom specialized in the study of music. As Maestro di Cappella, Durante was required to teach singing, keyboard playing and counterpoint. He also had to compose music for the boys to perform, providing these compositions when the need arose. In Durante's day, S. Maria di Loreto had approximately 150 pupils, and although a large number had music lessons as part of the curriculum, only about 26 were specializing in music. The age range was from 12 to 20 or more and there are plenty of references to male sopranos and eunuchs. A wide range of instruments was taught under the auspices of a head of strings and a head of wind. The account books show that music students were frequently hired out for performances, the fees for which were paid to the Conservatorio.[2]

Durante has been credited as a prime mover in the establishment of a Neapolitan 'school' of composition in the middle of the 18th century. It has been convenient for posterity to celebrate him more for his pupils (notably Giovanni Battista Pergolesi, Tommaso Traetta, Niccolò Piccinni and Giovanni Paisiello) than for his own work. There is no doubt that he exerted considerable influence as a teacher, instilling a firm grasp of traditional harmony and counterpoint in his students. However, he was also a composer of considerable skill and invention, finding a way to combine his mastery of counterpoint with an elegance of melody, a richness of harmony and a structural instinct which resulted in some memorable compositions. The fact that they are almost all sacred or instrumental, and not in the field of opera, the most famous and fashionable genre in 18th-century Naples, is surely part of the reason for the composer's subsequent neglect.

COMPOSER'S RECEPTION

In fact, Francesco Durante's reputation was considerable, both in his own day and also posthumously. In his 18th-century *A General History of Music* Charles Burney wrote that Durante was 'long master of the conservatorio of Sant'Onofrio, at Naples, and regarded as the greatest harmonist, as well as the best instructor of his time'. In the same article, Burney confirms that the composer's 'masses and motets are still in use, and models of correct writing with the students of the several conservatories of Naples'.[3] In his *Dictionnaire de musique*, Jean-Jacques Rousseau went so far as to describe Durante as 'le plus grand Harmoniste de l'Italie, c'est-à-dire, du Monde'.[4] Another 18th-century commentator, André Grétry, refers to the 'célèbre Durante' in his *Mémoires* in a chapter entitled 'De la musique d'église' and, bemoaning a dryness amongst Italian composers in their approach to harmony, he writes: 'Cette reine de la musique est trop négligée par les élèves de Durante, qui la possédoit à un si haut degré.'[5] Later in the third volume of the book, he comments that Durante and Niccolò Jommelli 'ont excellé dans le contrepoint, j'ose dire même un contrepoint sentimental qui est ami d'expression'.[6] It has to be said, this is in the context of a paragraph extolling the particular virtues of Pergolesi, Durante's most famous pupil.

---

[1] See Hanns-Bertold Dietz, 'Durante, Francesco', in Stanley Sadie (ed.), *The New Grove Dictionary of Music and Musicians*, 2nd ed., vol. 7 (Oxford, 2001), pp. 739–741.

[2] See Michael Robinson, 'The Governors' Minutes of the Conservatory S. Maria Di Loreto, Naples', in *Royal Musical Association Research Chronicle*, No. 10 (1972), pp. 1–97, which contains a wealth of information about the operation of the Neapolitan conservatories.

[3] Charles Burney, *A General History of Music*, vol. 3 (London, 1789), p. 536.

[4] 'the greatest harmonist in Italy, that is to say, in the world', Jean-Jacques Rousseau, *Dictionnaire de musique* (Paris, 1767), p. 247.

[5] 'This queen of music [i.e. church music] is being woefully neglected by the pupils of Durante, who had such mastery of her', André Grétry, *Mémoires*, vol. 1 (Paris, 1789; modern ed. New York, 1971), p. 73.

[6] 'have excelled in counterpoint, I dare even say a sentimental counterpoint that is the true friend of expression', ibid., vol. 3, p. 418.

Turning to the 19th century, the fact that a manuscript copy of Durante's Requiem in C minor was owned by Anton Friedrich Justus Thibaut (1772–1840) is not a surprise: it is indicative of the enthusiasm with which Durante's music was adopted by the Cecilian movement. Some years later Ernst Ludwig Gerber's *Historisch-Biographisches Lexicon der Tonkünstler* (1790–1792) was sparing in its praise for the composer, rating Alessandro Scarlatti more highly, but later in his *Neues historisch-biographisches Lexikon der Tonkünstler* Gerber changes his tune, asserting that Durante has a unique insight into the rules of composition and also that 'kein Meister so viel Kunstzöglinge gebildet habe, als er'.[7] In England, the composer featured in the *Dictionary of Musicians*, eliciting this comment about Durante's duets: 'it appears refinement can go no further in this style of composition'.[8] Towards the end of the century, in his *Musikalisches Conversations-Lexicon,* Hermann Mendel began his entry about Francesco Durante by describing him as 'einer der grössten italienischen Kirchencomponisten und Tonlehrer aller Zeiten'. Later he writes: 'In Vocalstyle wurde er von keinem der grossen zeitgenössischen Meister übertroffen und im Chorsatze dürfte er nur Händel zum ebenbürtigen Rivalen gehabt haben.'[9]

However, not all commentators were as flattering about the composer. For example, in his famous survey of musicians of importance, François-Joseph Fétis, whilst acknowledging that Durante was counted amongst the most famous Italian composers who produced some of the most renowned compositions of the 18th century, damned him with faint praise by writing that he devoted his life primarily to sacred rather than theatrical music and 'il a peu d'invention dans les idées'.[10] It is also the case that Durante and other contemporary Italian composers fell foul of the tendency for later 19th-century commentators, particularly in Germany, to question their skill and originality. This, coupled with the Roman Catholic church's rejection of large-scale accompanied choral music from the liturgy (see Pius X's *Motu Proprio*, 1903), cast most of Durante's sacred choral music into oblivion until its revival in recent years.

In preparing this edition, I have consulted 18 of the more than 50 manuscript sources of Francesco Durante's Requiem in C minor, ranging from the earliest manuscript dated 1746 to a copy dated 1871. There could be no greater evidence for the work's wide dissemination throughout Europe over a period of more than a century than this corpus of manuscripts. An explanation is not difficult to find given the extensive cultural exchange between Spain, Italy and Northern Europe for political reasons during the 18th century. It is perhaps surprising though that the Requiem was never published, notwithstanding the limitations of its commercial value for a publisher. After all, the composer's reputation was considerable as we have seen from a wide variety of commentators.

Early in the 20th century, Edward Dent claimed that 'when he [Durante] is at his very best, he is most touchingly beautiful, and seems to foreshadow Mozart',[11] and more recently, it has been suggested by Hanns-Bertold Dietz that the work is 'the most important orchestral requiem of the early 18th century'.[12] That the Requiem in C minor anticipated Mozart's or even Michael Haydn's settings may seem far-fetched: requiem settings by Johann Adolf Hasse (1763), Florian Leopold Gassmann (1774) or Paisiello (1789) are much more obvious pre-cursors. However, a glance at Georg Reutter's Requiem in C minor (1753) or Jommelli's Requiem in E♭ major (1756), reveals Durante as having a stronger grasp of structure, and greater skill in combining traditional contrapuntal devices with an engaging early-Enlightenment style, which owed much to the secular musical world of opera. This is certainly some way from the sacred music of his predecessor at the Conservatorio dei Poveri di Gesù Cristo, Francesco Feo (1691–1761), whose sacred music is much less sophisticated, relying on short repetitive phrases and simple harmonic procedures.

THE COMPOSITION

The Requiem in C minor by Durante contains a number of striking features which are worthy of particular comment.

Vocal and instrumental scoring: The work was originally scored for five-part solo choir (SSATB) with an additional 'ripieno' choir (ATB), plus strings, continuo and horns. In the primary source the parts are labelled 'primo' and 'secondo', but in this edition the term 'ripieno' is used for the 'secondo' choir parts. The vocal scoring was common in accompanied sacred music of the period. This enabled Durante to take advantage of the spatial separation within the church of S. Giacomo degli Spagnoli (see PERFORMANCE HISTORY). The composer's manipulation of resources is imaginative. For example, although much of the time the 'ripieno' choir is used to reinforce the 'tutti' (e.g. the beginning of *Dies irae*), at other times it is used to produce a richer textural effect as in *Libera me* (bars 14–15). Durante also makes use of this expanded texture for dramatic, repetitive effects, such as the beginning of *Ingemisco*.

Soloists: The material for soloists owes much to opera, ranging from the lyrical soprano aria *Tuba mirum* to the juxtaposition of soprano and alto in *Quaerens me.*

---

[7] 'no Master nurtured as many pupils as well as he did', Ernst Ludwig Gerber, *Neues historisch-biographisches Lexikon der Tonkünstler*, vol. 1 (Leipzig, 1812), col. 963.

[8] John S. Sainsbury, *A Dictionary of Musicians* (London, 1824), p. 223.

[9] 'one of the greatest Italian composers of church music and music teachers of all time' and 'In his vocal style, he was supreme amongst his contemporaries, and in choral music he was only rivalled by Handel', Hermann Mendel, *Musikalisches Conversations-Lexicon*, vol. 3 (Berlin, 1883), p. 283.

[10] 'there is little invention in his ideas', François-Joseph Fétis, *Biographie universelle des musiciens* (Paris, 1866), p. 89.

[11] Edward J. Dent, *Selected Essays*, ed. Hugh Taylor (Cambridge, 1979), p. 56.

[12] Hanns-Bertold Dietz, 'Durante, Francesco', in Stanley Sadie (ed.), *The New Grove Dictionary of Music and Musicians*, 1st ed., vol. 5 (Oxford, 1981), p. 743.

Keys and structure: The duet *Quaerens me* illustrates the composer's enterprising approach. This particular movement begins in E♭ major and ends in the secondary dominant, F major, leading directly to the grandiose F minor chords at the start of *Ingemisco*, with striking dramatic effect. Also, structural repetitions are persuasively managed such as the opening bars of *Dies irae*, repeated at the beginning of *Quid sum miser*, or the three notes in thirds associated with the word 'requiem', appearing in bar 6 of the first movement and again in bar 17 of the *Communio (Lux aeterna)* and the opening of the *Responsorium (Requiem aeternam)*.

Counterpoint: It is not surprising to find numerous contrapuntal devices in the work and the composer is certainly at pains to highlight their importance. A notable example is the *Pleni sunt coeli*, labelled 'Canon sup.ᵃ Can.' in case the performer should fail to spot the skill involved. At this point in one of the sources the technical accomplishment is spelled out in even greater detail, both Alto parts marked 'Canone alla quarta sopra' and both Tenor parts marked 'Canone alla quinta sotto'.[13]

Orchestration: Finally, although the instrumental resources are modest, just strings throughout, with two horns added in *Tuba mirum*, they are used with admirable skill, lyrical and expressive at the outset, vigorous and dramatic (in scales marked *spaventoso*) in the *Dies irae*, sweetly poignant in the *Lacrimosa*, boldly *tremolando* in *Libera me I* (bar 32ff.), or *arpeggiando* in the *Offertorio* (bar 23ff.).

As a whole, it is not hard to understand why this Requiem was so popular for more than a century after its composition, for in it Durante finds a route to the heart of the meaning of the text by transcending the clichés of mid-18th-century Neapolitan musical language and achieves a striking combination of harmony and melody.

PERFORMANCE HISTORY

The first performance was in Rome on 15 September 1746, at the church of S. Giacomo degli Spagnoli in the Piazza Navona. King Philip V of Spain had died on 9 July that year prompting requiem masses for him in Spanish churches throughout Europe. Accounts of the service describe its extraordinary grandeur, involving the Papal Chapel Choir and attended by 26 cardinals, around 60 priests, and many aristocrats and representatives from several countries, including King George II.[14] Additional evidence for the Rome performance can be seen from a series of engravings that appeared in the city in September 1746; these include one of the Spanish decoration of their national church, S. Giacomo degli Spagnoli in Piazza Navona (ill. V, p. XVII). This had been commissioned by Cardinal Trojano Acquaviva, Protector of the Kingdom of Spain, from the artist Ferdinando Fuga (1699–1782) in 1746, 'in occasione delle solenni Esequie celebrate per la morte della Maestà di Filippo V. Rè di Spagna'.[15] Another engraving of the longitudinal view of the interior of the building clearly shows two 'coretti' on either side of the catafalque (ill. I, p. XIV). These seem to have been occupied by members of the congregation.

In a letter to Padre Giovanni Battista Martini (1706–1784) dated 'Roma, 10 Septembre 1746', Girolamo Chiti (1679–1759) writes about a funeral mass by 'Ciccio Durante Napolitano Sc[o]laro di Pit[o]ni' for S. Giacomo degli Spagnoli and refers to the Spanish commissioning of Durante to compose the Requiem Mass for the royal funerals ('e regij funerali'). It is puzzling that the author specifies that this was a Mass in four parts (not eight) with instruments. The relevant extract from the letter is: 'Per questo S. Giacomo, e regij funerali, l'hanno fatta fare questi Spagnuoli a Ciccio Durante Napolitano Sclaro di Pitni, che per verità, a 4 con Istrumenti co suole cogliere con somma proprietà, sentiremo la settimana veniente.'[16]

One possible explanation concerns Durante's self-borrowing from an earlier work, the *Missa in Palestrina* a 4 (1739), for the Requiem's *Sanctus* and *Benedictus*. These movements from the *a cappella* Mass, an obvious tribute to the Roman *stile antico* of Palestrina, were adapted by the composer for his new commission as follows.

Sanctus: This is rescored with the addition of instrumental parts and some elaboration of the vocal parts, taking account of the additional soprano voice. It is also reduced in length (from 76 bars to 65 bars). However, the vocal material from bar 38–end is exactly the same.

Sanctus (Benedictus): There are no variants in the vocal parts but there is added continuo.

Sanctus (Osanna II): This uses exactly the same vocal material with added instrumental parts.

Durante's inclusion of these extracts might be explained as a deliberate act of homage to Palestrina, or alternatively as a practical solution to the demands of completing the *Requiem* by the deadline of the performance.[17]

---

[13] Paris, Bibliothèque nationale de France, D3733 (1).

[14] *Relación de las Exequias hechas en Roma a la magestad catolica del rey nuestro señor don Phelipe 5.* (Rome, 1746), p. XL: 'el insigne Maestro de capilla Francisco Durante, residente en Napoles, hizo una nueva, y gustosa composición de Musica para la Missa, â instancias de los Señores Administradores de dicha Yglesia'. (The famous Choirmaster Francesco Durante, resident of Naples, made a new and pleasant composition of music for the mass at the request of the administrators of this church.) I am grateful to Prof Dr Juan José Carreras for this information found in Madrid, Biblioteca Nacional de España, ER 4212.

[15] 'for the solemn funeral of Philip V King of Spain', Elisabeth Kieven, *Ferdinando Fuga e l'architettura romana del Settecento* (Rome, 1988), p. 184, ill. 77; see also Ferdinando Fuga, *Progetti per le esequie di Re Filippo V di Spagna in S. Giacomo degli Spagnoli* (Rome, 1746), see http://lineamenta.biblhertz.it:8080/Lineamenta/1033478408.39/1053349068.91/1075740355.3/view, retrieved 10.11.2018.

[16] Federico Parisini, *Carteggio inedito del P. Giambattista Martini coi più celebri musicisti del suo tempo* (Bologna, 1888).

[17] I am grateful to Prof Hanns-Bertold Dietz for his advice on this point.

Durante's Requiem conforms to the 18th-century Roman liturgical rite throughout. The two final movements (*Libera me II* and *Kyrie II*) belong to the post-mass Absolution at the bier or grave and accordingly were probably sung at the performance.

This edition of the Vocal Score is based on the work's primary source in the British Library, Add 14111, ff. 128ʳ–161ʳ. The source consists of four instrumental parts in autograph manuscript and eight vocal parts, the latter corresponding to the voices in the Full Score of this Urtext edition (editor's additions in small type, italics and dashed slurs). The piano reduction reflects the orchestral score as closely as possible but includes some harmonic completions and some transpositions (such as the viola part) for practical reasons. The *Tuba mirum* features two horns, which are missing from the autograph manuscript. The keyboard part should be played on the organ with a basso continuo of violoncelli and violoni (double basses). Detailed information is published in the Critical Commentary of the Full Score (EP 73044).

NOTES FOR PERFORMERS

Although we know that the Papal Chapel Choir sang in the first performance, we do not know the identity of the other musicians who were involved. For special occasions such as patronal feasts and requiems inside the church, it is possible that platforms were built to accommodate extra musicians. A contemporary account of the scene mentions that the two orchestras or choirs of musicians were framed by two friezes, so it is clear that there was spatial separation between the performers.[18] This is emphasized by another reference in the same document to the spectacle of the catafalque in the middle of the principal nave being framed by the two choirs of musicians.[19]

Vocal forces: In the 18th century all the singers would have been male, including soloists, but subsequent performances, particularly those in the 19th century, would surely have involved female sopranos and altos. The musical style is such that it is suited for chorus of all sizes, accompanied by an appropriately-scaled ensemble. The work is most effectively performed with SSATB soloists and SSATB/ATB chorus. However, apart from *Tuba mirum*, *Quaerens me* and the beginning of the *Responsorium (Dies illa)*, which call for solo voices, all other movements may be performed *tutti* throughout.

Instrumentation: The continuo keyboard part is specifically marked 'organo' in all sources and it is most likely that the string continuo group consisted of violoncello, adding the violone in the 'tutti' sections. There is no evidence that wind instruments were used apart from the solo horns in *Tuba mirum*. The horn had been introduced into Neapolitan opera orchestras via the Viennese court orchestra, particularly in the scores of Alessandro Scarlatti, one of Durante's predecessors as Primo Maestro of the Conservatorio S. Maria di Loreto. Durante and others sometimes used the term 'tromba da caccia' (the Italian version of the French 'trompe de chasse') to distinguish it from the trumpet, although the hooped horn, for this is what it was, was originally a form of trumpet.

Tempo: Tempo markings are imprecise throughout the sources, the distinction between 'slow' and 'quick' frequently indicated by 'Adagio' or 'Largo' and 'Andante'. Performers should note instances where there is a change of 'tactus'. In most movements it is a crotchet but in *Lacrimosa*, *Benedictus* and *Agnus Dei* it is a minim, and in *Lacrimosa* bars 128–end, *Sanctus* and *Osanna I*, it is a semi-breve. Performers should bear in mind the need to maintain flow when negotiating tempo fluctuations. In this edition, pauses are retained as in the manuscript, but when they occur within a movement, they are clearly intended to signify a cadence, and not to imply a lengthy hiatus.

Dynamics: The term 'dolce' is widely used (often shortened to 'd'), and appears in conjunction with both 'forte' and 'piano' in other parts in the primary source. Later sources substitute 'piano' (***p***) for 'dolce', but it has been decided to retain the composer's original markings for the benefit of performers. The same applies to the term 'dolcissimo' which appears as ***pp*** in later sources. These markings are sometimes associated with changes in texture and the contrast between *solo* and *tutti* groups. Elements of contrast are clearly important in achieving a stylistic dramatic realization of the work. Editorial markings have been added where appropriate.

Ornamentation: In general, trills in vocal and instrumental parts should begin on the upper note. Whilst in Neapolitan opera of the period performers would have improvised ornaments as a matter of course, there was a deliberate conservatism in the context of sacred music. Nevertheless, there are some passages in this Requiem where ornamentation is appropriate, notably in *Tuba mirum* (bar 16), and *Quaerens me* (bars 8 and 16).

I wish to thank James Potter (Oxford University) for his early assistance in the realisation of this edition as well as Christoph Koop (Peters) for his invaluable work. Also, I am grateful to the Governing Body of Christ Church, Oxford, the Friends of Christ Church Cathedral and Oxford University for research grants and for funding the professional recording (Coro 16147).

Oxford, December 2018   *Stephen Darlington*

---

[18] *Relación de las Exequias hechas en Roma a la magestad catolica del rey nuestro señor don Phelipe 5.* (Rome, 1746), p. XXII: 'Las dos orchestras, o choros de musica guarnecidas con dos ordenes de frissos, ò cenefas negras con trinos, y franjas de oro alrededor hazian una vista admirable.' (The two orchestras or choirs of music, framed with two rows of friezes or black borders with small ornaments and golden fringes around them, made a marvellous view.)

[19] ibid., p. XXIV: 'En medio pues de la nave principal entre los dos choros de Musica se descubria erigido con primor peregrino el catafalco pintado â porfido con diversos follajes y centinaduras doradas; a cuyio primer plano se subia por quatro ordenes de gradas.' (In the middle of the principal nave between the two music choirs appeared the catafalque, erected with extraordinary dexterity, painted as porphyry with different golden leaves and decoration, the [catafalque's] first level is reached by four rows of steps.)

Prefazione

Il Requiem in Do minore di Francesco Durante ha goduto di una considerevole reputazione a livello europeo dal 1746, anno di composizione dell'opera, fino al XIX secolo inoltrato. Durante era molto ammirato come compositore e pedagogo, e il suo brano più conosciuto, il Magnificat a cinque voci in Si bemolle, gli assicurò una fama duratura come uno degli esponenti più importanti del cosiddetto "stile napoletano" nella musica sacra del Settecento. Il talento del compositore nel combinare gli elementi più tradizionali della musica sacra con i nuovi e più radicali stili strumentali e operistici è senz'altro sorprendente nel suo Requiem in Do minore. Era da tempo che si rendeva necessaria un'edizione moderna di quest'opera, e si tratta sicuramente di uno dei requiem più significativi della metà del Settecento, che diede così l'opportunità ai cori di ampliare la loro esperienza in questo repertorio così affascinante e così dimenticato. La musica, melodiosa e drammatica, è da subito attraente. Ciò che mi ha spinto a prendermi cura dell'edizione è stato il desiderio di risvegliare la conoscenza del brano e del compositore sia nei cori che negli ascoltatori, i quali non potranno non sentirsi ispirati dalle innegabili qualità dell'uno e dell'altro.

NOTE SUL COMPOSITORE

Francesco Durante nacque a Frattamaggiore, presso Napoli, nel 1684, e morì a Napoli nel 1755. Nonostante un vuoto biografico per quanto riguarda i periodi 1705–1728 e 1739–1742, è noto che la sua carriera di musicista lo portò a Roma, dove si crede abbia studiato con Giuseppe Ottavio Pitoni e Bernardo Pasquini, e dove diventò Maestro della Congregazione e Accademia di Santa Cecilia. Ma per la maggior parte della sua vita abitò a Napoli (tranne per il periodo 1739–1742, nel quale non sappiamo dove si trovasse), all'inizio come Primo Maestro del Conservatorio dei Poveri di Gesù Cristo (1728–1739), poi del Conservatorio di S. Maria di Loreto (1742–1755) e infine del Conservatorio Sant'Onofrio a Capuana (1745–1755).[1] Questi conservatori (assieme a un quarto, la Pietà de' Turchini) erano stati fondati originariamente nel XVI secolo per educare e prendersi cura di giovani orfani, ma dal XVII secolo in poi iniziarono ad ammettere anche allievi a pagamento, alcuni dei quali si specializzavano nello studio della musica. In qualità di Maestro di Cappella, Durante era incaricato di insegnare canto, tastiera e contrappunto. Inoltre doveva comporre musica da far eseguire ai ragazzi, fornendo brani a seconda delle necessità. Ai tempi di Durante, S. Maria di Loreto aveva approssimativamente 150 alunni, dei quali solo 26 all'incirca si specializzavano in musica, nonostante molti altri ricevessero lezioni di musica come parte del corso di studi. L'età degli alunni andava normalmente dai 12 ai 20 anni e vi sono vari riferimenti a sopranisti ed eunuchi. In più venivano insegnati una gran quantità di strumenti sotto gli auspici di un direttore di strumenti ad arco e di un direttore di strumenti a fiato. I libri contabili mostrano che gli studenti di musica venivano richiesti frequentemente per esecuzioni al di fuori del conservatorio, che riceveva i corrispondenti compensi.[2]

Durante è stato definito come uno dei principali iniziatori di una "scuola" napoletana di composizione a metà del Settecento. La posterità ritenne opportuno ricordarlo più per i suoi alunni (tra i quali spiccarono Giovanni Battista Pergolesi, Tommaso Traetta, Niccolò Piccinni e Giovanni Paisiello) che per le sue opere. Non vi è dubbio che Durante esercitasse un influsso notevole come insegnante nell'infondere agli allievi una solida conoscenza dell'armonia e del contrappunto tradizionale. Tuttavia fu anche compositore di grande abilità e capacità inventiva, capace di combinare la padronanza del contrappunto con l'eleganza melodica, una ricchezza armonica e un istinto strutturale che risultò in alcune composizioni memorabili. Il fatto che quasi tutte siano composizioni sacre o strumentali e non tocchino il campo operistico, che era il genere più celebre e più amato nella Napoli settecentesca, causò sicuramente l'oblio successivo nei confronti del compositore.

REPUTAZIONE DEL COMPOSITORE

In realtà, la reputazione di Francesco Durante fu significativa, e non solo tra i suoi contemporanei ma anche dopo la sua morte. Già nel Settecento Charles Burney scrisse nel suo *A General History of Music* che Durante fu "long master of the conservatorio of Sant'Onofrio, at Naples, and regarded as the greatest harmonist, as well as the best instructor of his time". Nello stesso articolo, Burney conferma che le messe e i mottetti di Durante "are still in use, and models of correct writing with the students of the several conservatories of Naples".[3] Nel suo *Dictionnaire de musique*, Jean-Jacques Rousseau andò oltre descrivendo Durante come "le plus grand Harmoniste de l'Italie, c'est-à-dire, du Monde".[4] Un altro commentatore del XVIII secolo, André Grétry, fa riferimento al "célèbre Durante" nelle sue *Mémoires*, nel capitolo intitolato 'De la musique d'église' e, deplorando una certa aridità presente tra i compositori italiani nel loro approccio all'armonia, scrive: "Cette reine de la musique est trop négligée par les élèves même de Durante, qui la possédoit à un si haut degré."[5] Più tardi, nel terzo volume del suo libro, commenta che Durante e Niccolò Jommelli "ont excellé dans le contrepoint, j'ose dire même un contrepoint sentimental qui est ami d'expression".[6] Va detto che questa frase si trova in mezzo a un paragrafo che esalta le virtù particolari del Pergolesi, l'alunno più famoso di Durante.

---

[1] Cfr. Hanns-Bertold Dietz, "Durante, Francesco", in *The New Grove Dictionary of Music and Musicians,* a cura di Stanley Sadie, 2. ed., vol. 7 (Oxford, 2001), pp. 739–741.

[2] Cfr. l'articolo firmato da Michael Robinson, "The Governors' Minutes of the Conservatory S. Maria Di Loreto, Naples", in *Royal Musical Association Research Chronicle*, Nº 10 (1972), pp. 1–97, il quale contiene molte informazioni sulle attività dei conservatori napoletani.

[3] "a lungo maestro del Conservatorio di Sant'Onofrio a Napoli, considerato come il più grande armonista e il miglior insegnante del suo tempo" e "sono ancora in uso e visti come modelli di buona scrittura musicale per gli alunni dei vari conservatori di Napoli", Charles Burney, *A General History of Music*, vol. 3 (Londra, 1789), p. 536.

[4] "il più grande esperto d'armonia d'Italia, cioè del mondo", Jean-Jacques Rousseau, *Dictionnaire de musique* (Parigi, 1767), p. 247.

[5] "Questa regina della musica [vale a dire la musica sacra] è assai trascurata dagli alunni di Durante, che invece la padroneggiava a un così alto livello", André Grétry, *Mémoires*, vol. 1 (Parigi, 1789; ed. moderna, New York, 1971), p. 73.

[6] "si sono distinti nel contrappunto, oserei dire pure un contrappunto sentimentale che è amico dell'espressione", ibid., vol. 3, p. 418.

Già nell'Ottocento non ci sorprende trovare una copia manoscritta del Requiem in Do minore di Durante tra le partiture possedute da Anton Friedrich Justus Thibaut (1772–1840): anzi, è indicativo dell'entusiasmo col quale la musica di Durante fu adottata dal movimento Ceciliano. Qualche anno dopo, Ernst Ludwig Gerber risparmiò lodi nei riguardi del compositore nel suo *Historisch-Biographisches Lexicon der Tonkünstler* (1790–1792), considerando Alessandro Scarlatti superiore ad esso, ma più tardi, nel rinnovato *Neues historisch-biographisches Lexikon der Tonkünstler*, cambiò idea e affermò che Durante ebbe una comprensione unica delle regole di composizione, e anche che "kein Meister so viel Kunstzöglinge gebildet habe, als er".[7] In Inghilterra, il compositore appare sul *Dictionary of Musicians*, dove troviamo il seguente commento riguardo i suoi duetti da camera: "it appears refinement can go no further in this style of composition".[8] Verso la fine del secolo, Hermann Mendel, nel suo *Musikalisches Conversations-Lexicon* iniziò la voce riguardante Francesco Durante descrivendolo come "einer der grössten Kirchencomponisten und Tonlehrer aller Zeiten". Poco dopo aggiunge: "In Vocalstyle wurde er von keinem der grossen zeitgenössischen Meister übertroffen und im Chorsatze dürfte er nur Händel zum ebenbürtigen Rivalen gehabt haben."[9]

Non tutti i commentatori, comunque, hanno avuto un'opinione così positiva di questo compositore. Ad esempio, nella sua famosa ricerca sui musicisti più rilevanti, François-Joseph Fétis, pur ammettendo che Durante si trovasse tra i più celebri compositori italiani – avendo prodotto alcuni dei brani più conosciuti del Settecento – lo liquidò affermando che questi dedicò la sua vita principalmente alla musica sacra piuttosto che al teatro, e che "il a peu d'invention dans les idées".[10] È anche vero che Durante e altri suoi contemporanei italiani furono vittime della tendenza propria dei commentatori di fine Ottocento, soprattutto tedeschi, che consisteva nel questionare la loro abilità e originalità. Questo, assieme al rifiuto della Chiesa Cattolica per la musica corale a grande scala con accompagnamento strumentale nel contesto liturgico (cfr. il *Motu Proprio* di Pio X, 1903), ha fatto sì che la maggior parte della musica corale sacra di Durante cadesse in oblio fino alla sua riscoperta in anni recenti.

Per redigere questa edizione ho consultato 18 tra i più di 50 manoscritti esistenti del Requiem in Do minore di Francesco Durante, i quali vanno dall'autografo del 1746 a una copia datata 1871. Questo *corpus* di manoscritti è la prova più evidente dell'ampia diffusione di cui l'opera godette in tutta Europa per più di un secolo. Non è arduo giustificare questa diffusione, se consideriamo i forti scambi culturali avvenuti durante il XVIII secolo tra la Spagna, l'Italia e l'Europa settentrionale, soprattutto per motivi politici. È forse sorprendente il fatto che questo Requiem non fosse mai stato pubblicato, nonostante le possibili riserve riguardo il suo valore commerciale da parte degli editori. Dopotutto, la reputazione del compositore era considerevole, come abbiamo evinto da un'ampia varietà di commentatori.

All'inizio del XX secolo, Edward J. Dent sostenne che "when he [Durante] is at his very best, he is most touchingly beautiful, and seems to foreshadow Mozart",[11] e, più recentemente, Hanns-Bertold Dietz ha suggerito che quest'opera è "the most important orchestral requiem of the early 18th century".[12] Suggerire che il Requiem in Do minore prefigurasse le versioni di Mozart o perfino di Michael Haydn pare azzardato: i requiem di Johann Adolf Hasse (1763), Florian Leopold Gassmann (1774) o Paisiello (1789) ne sono precursori molto più ovvi. Tuttavia, uno sguardo al Requiem in Do minore di Georg Reutter (1753) o al Requiem in Mi bemolle maggiore di Jommelli (1756) rivela una concezione strutturale più forte in Durante, nonché la sua maggiore abilità nel combinare risorse contrappuntistiche tradizionali e l'incipiente stile del primo Illuminismo, che attingeva molto al mondo musicale profano del melodramma. Certamente possiamo dire che si allontanava dallo stile di musica sacra del suo predecessore al Conservatorio dei Poveri di Gesù Cristo, Francesco Feo (1691–1761), molto meno sofisticato e basato su frasi brevi e ripetitive, nonché su procedure armoniche semplici.

NOTE SULL'OPERA

Il Requiem in Do minore di Durante contiene alcune caratteristiche alquanto notevoli e degne di essere commentate nel particolare: l'opera fu scritta originariamente per un coro a cinque voci soliste (SSATB) più un coro aggiuntivo di "ripieno" (ATB), archi, basso continuo e corni. Nella fonte principale le voci sono divise in "primo" e "secondo", ma in questa edizione il termine "ripieno" è usato per indicare il coro "secondo". L'organico vocale era tipico della musica sacra a cappella di quel periodo. Questo permise a Durante di sfruttare la distanza dei due presbiteri presenti nella chiesa di S. Giacomo degli Spagnoli (cfr. STORIA ESECUTIVA). L'uso delle risorse da parte del compositore è alquanto originale. Ad esempio, sebbene la maggior parte del tempo il coro di "ripieno" venga utilizzato per rinforzare i "tutti" (come all'inizio del *Dies irae*), altre volte serve a produrre un effetto strutturale più ricco, come nel *Libera me* (miss. 14–15). Durante ricorre a questa ampia trama sonora anche per effetti drammatici e ripetitivi, come nell'inizio dell'*Ingemisco*.

---

[7] "nessun maestro ha formato così tanti allievi come lui", Ernst Ludwig Gerber, *Neues historisch-biographisches Lexikon der Tonkünstler*, vol. 1 (Lipsia, 1812), col. 963.

[8] "non sembra possibile raggiungere un maggior grado di raffinatezza in questo stile di composizione", John S. Sainsbury, *A Dictionary of Musicians* (Londra, 1824), p. 223.

[9] "uno del più grandi compositori di musica sacra e maestri d'armonia italiani di tutti i tempi" e "nello stile vocale non fu superato da nessuno dei suoi contemporanei più celebri, e nella musica corale poteva trovare un rivale solo in Händel", Hermann Mendel, *Musikalisches Conversations-Lexicon*, vol. 3 (Berlino, 1883), p. 283.

[10] "vi è poca inventiva nelle sue idee", François-Joseph Fétis, *Biographie universelle des musiciens* (Parigi, 1866), p. 89.

[11] "quando [Durante] è al suo meglio, è di una bellezza commovente e sembra quasi prefigurare Mozart", Edward J. Dent, *Selected Essays*, a cura di Hugh Taylor (Cambridge, 1979), p. 56.

[12] "il più importante requiem con accompagnamento orchestrale del primo Settecento", Hanns-Bertold Dietz, "Durante, Francesco", in *The New Grove Dictionary of Music and Musicians*, a cura di Stanley Sadie, 1. ed., vol. 5 (Oxford, 1981), p. 743.

Solisti: Il materiale solistico deve molto al melodramma, spaziando da un'aria decisamente lirica affidata al soprano (*Tuba mirum*) alla sovrapposizione di soprano e contralto nel *Quaerens me*.

Tonalità e stuttura: Il duetto *Quaerens me* illustra l'approccio intraprendente del compositore: questo particolare movimento inizia in Mi bemolle maggiore e finisce nella dominante secondaria (Fa maggiore), passando direttamente ai grandiosi accordi di Fa minore all'inizio dell'*Ingemisco*, dal sorprendente effetto drammatico. Inoltre, le ripetizioni strutturali sono gestite in modo convincente, come ad esempio nelle prime misure del *Dies irae*, ripetute all'inizio del *Quid sum miser*, o i due intervalli di terza associati alla parola "requiem", le quali appaiono alla misura 6 del primo movimento e di nuovo alla misura 17 della *Communio* (*Lux aeterna*), nonché all'inizio del *Responsorium* (*Requiem aeternam*).

Contrappunto: Non sorprende la quantità di risorse contrappuntistiche in questo brano, che il compositore si sforza di mettere in risalto per via della loro importanza. Un esempio notevole è il *Pleni sunt coeli*, intitolato "Canon sup.ª Can." nel caso in cui gli esecutori non fossero capaci di identificare il tipo di genere contrappuntistico utilizzato. In questo punto, in una delle fonti questo traguardo tecnico viene reso ancor più nel dettaglio: i due contralti sono contrassegnati "Canone alla quarta sopra" e i tenori "Canone alla quinta sotto".[13]

Orchestrazione: Finalmente, sebbene le risorse strumentali siano modeste (solamente archi, con l'aggiunta di due corni nel *Tuba mirum*), queste vengono usate con abilità ammirevole, con un risultato lirico ed espressivo e un effetto vigoroso e drammatico (come le scale, segnate col termine *spaventoso*) nel *Dies irae*, dolcemente toccante nel *Lacrimosa*, audace nel *tremolando* del *Libera me I* (miss. 32 ss.) o nell'*arpeggiando* dell'*Offertorium* (miss. 23 ss.).

Nel complesso non è difficile capire perché questo Requiem fosse così popolare per più di un secolo dopo la sua composizione: in esso Durante trova la maniera di arrivare al cuore del significato testuale trascendendo i clichés del linguaggio musicale napoletano della metà del Settecento, ottenendo così una sorprendente combinazione di armonia e melodia.

STORIA ESECUTIVA

La prima esecuzione fu a Roma il 15 settembre 1746, alla chiesa di S. Giacomo degli Spagnoli a Piazza Navona. Il re Filippo V di Spagna era morto il 9 luglio di quell'anno, ragion per cui furono eseguite numerose messe da requiem in chiese spagnole di tutta Europa. Le descrizioni dell'evento arrivate ai giorni nostri parlano di una messa straordinariamente solenne, con la partecipazione del coro della Cappella Pontificia e tra il pubblico 26 cardinali presenti, circa 60 preti, nonché molti nobili e rappresentanti di vari paesi, incluso re Giorgio II.[14] Una serie di stampe apparse a Roma nel settembre del 1746 offre ulteriori dettagli di questa esecuzione romana; tra queste un disegno della decorazione della chiesa nazionale spagnola, S. Giacomo degli Spagnoli a Piazza Navona (ill. V, p. XVII). Questo era stato commissionato dal cardinal Trojano Acquaviva, Protettore del Regno di Spagna, all'artista Ferdinando Fuga (1699–1782) nel 1746, "in occasione delle solenni Esequie celebrate per la morte della Maestà di Filippo V. Rè di Spagna".[15] Un altro disegno della vista longitudinale dell'interno dell'edificio mostra chiaramente due "coretti", uno ad ogni lato del catafalco (ill. I, p. XIV). Questi, a quanto pare, furono occupati da membri della congregazione.

In una lettera al Padre Giovanni Battista Martini (1706–1784) datata "Roma, 10 Septembre 1746", Girolamo Chiti (1679–1759) scrive a proposito di una messa da requiem di "Ciccio Durante Napolitano Sc[o]laro di Pit[o]ni" per S. Giacomo degli Spagnoli, e fa riferimento alla commissione spagnola a Durante del Requiem per "e regij funerali". È curiosa la specificazione dell'autore, che parla di una messa a quattro voci (invece di otto) con strumenti. Ecco l'estratto rilevante della missiva: "Per questo S. Giacomo, e regij funerali, l'hanno fatta fare questi Spagnuoli a Ciccio Durante Napolitano Sclaro di Pitni, che per verità, a 4 con Istrumenti co suole cogliere con somma proprietà, sentiremo la settimana veniente."[16]

Una spiegazione possibile riguarda l'auto-prestito da parte di Durante da una sua opera precedente, la *Messa in Palestrina* a quattro voci (1739) per il *Sanctus* e il *Benedictus* del Requiem. Questi movimenti tratti dalla messa a cappella (un evidente tributo allo "stile antico" romano del Palestrina) furono adattati dal compositore per questa nuova commissione come segue.

Sanctus: L'adattamento include nuove parti strumentali e la rielaborazione parziale delle parti vocali, considerando anche l'aggiunta del soprano. La lunghezza è ridotta da 76 a 65 misure. Ad ogni modo, il materiale vocale a partire dalla misura 38 fino alla fine è esattamente lo stesso.

Sanctus (Benedictus): Le parti vocali rimangono uguali e vi è l'aggiunta del basso continuo.

Sanctus (Osanna II): Le parti vocali sono esattamente uguali, con l'aggiunta delle parti strumentali. L'inclusione di questi estratti da parte di Durante si può considerare come omaggio a Palestrina, oppure a una soluzione pratica al problema della data di consegna del Requiem.[17]

---

[13] Parigi, Bibliothèque nationale de France, D3733 (1).

[14] *Relación de las Exequias hechas en Roma a la magestad catolica del rey nuestro señor don Phelipe 5.* (Roma, 1746), p. XL: "el insigne Maestro de capilla Francisco Durante, residente en Napoles, hizo una nueva, y gustosa composición de Musica para la Missa, â instancias de los Señores Administradores de dicha Yglesia". Sono grato al Prof. Dr. Juan José Carreras per questo dato trovato a Madrid, Biblioteca Nacional de España, ER 4212.

[15] Cfr. Elisabeth Kieven, *Ferdinando Fuga e l'architettura romana del Settecento* (Roma, 1998), p. 184, ill. 77; cfr. Ferdinando Fuga, *Progetti per le esequie di Re Filippo V di Spagna in S. Giacomo degli Spagnoli* (Roma, 1746), cfr. http://lineamenta.biblhertz.it:8080/Lineamenta/1033478408.39/1053349068.91/1075740355.3/view, ultima consult. 10/11/2018.

[16] Federico Parisini, *Carteggio inedito del P. Giambattista Martini coi più celebri musicisti del suo tempo* (Bologna, 1888).

[17] Sono grato al Prof. Hanns-Bertold Dietz per le sue indicazioni riguardo questo punto.

Il Requiem di Durante riflette la prassi rituale cattolica del Settecento. I due movimenti finali (*Libera me II* e *Kyrie II*) appartengono all'assoluzione *post missam* da realizzare in presenza della salma, e a seconda del contesto furono cantati, probabilmente, anche all'esecuzione dell'opera.

Questa edizione della riduzione per canto e pianoforte è basata sulla fonte primaria dell'opera, manoscritto autografo che si trova alla British Library, Add 14111, ff. 128ʳ–161ʳ, e che contiene quattro parti strumentali autografi e otto linee vocali. Le parti vocali presentate qui corrispondono alle voci nella partitura di quest'edizione Urtext (aggiunte apportate dall'editore sono contrassegnate con simboli più piccoli, caratteri corsivi e legature tratteggiate). La riduzione per pianoforte riflette la partitura orchestrale il più precisamente possibile ma include alcuni riempimenti armonici e alcune trasposizioni (come avviene alla parte della viola) per motivi pratici. Nel *Tuba mirum* partecipano due corni, che mancano nel manoscritto autografo. La parte della tastiera andrebbe eseguita sull'organo, accompagnata da un basso continuo di violoncelli e violoni (contrabbassi). Per ulteriori dettagli, cfr. il Commento Critico abbinato all'edizione della partitura (EP 73044).

NOTE PER L'ESECUZIONE

Sappiamo che il coro della Cappella Papale cantò alla prima esecuzione del Requiem, ma non conosciamo l'identità degli altri musicisti coinvolti. Per occasioni speciali, come feste patronali e requiem eseguiti in chiesa, è possibile che si costruissero piattaforme per ospitare un numero maggiore di musicisti. Un resoconto dell'epoca riguardante la scena racconta che le due orchestre o "cori" di musicisti erano "incorniciati" da due fregi, in modo da rendere chiara la separazione degli esecutori nello spazio.[18] A conferma di questo troviamo un ulteriore riferimento, nella stessa fonte, per quanto riguarda il catafalco visibile in mezzo alla navata principale, il quale era circondato dai due "cori" di musicisti.[19]

Organico vocale: Nel Settecento i cantanti sarebbero stati tutti di sesso maschile, includendo i solisti. Tuttavia in esecuzioni posteriori, soprattutto nell'Ottocento, saranno state coinvolti sicuramente anche soprani e contralti femminili. Lo stile musicale si adatta a cori di tutte le grandezze, accompagnati da un ensemble strumentale appropriato. L'organico ideale per quest'opera è composto da SSATB solisti e SSATB/ATB per il coro. Ad ogni modo, eccetto il *Tuba mirum*, il *Quaerens me* e l'inizio del *Responsorium* (*Dies illa*), che richiedono solisti, tutti gli altri movimenti possono essere eseguiti interamente dal coro (*tutti*).

Strumentazione: La parte di basso continuo per strumento a tastiera è intitolata specificamente "organo" in tutte le fonti. Per quanto riguarda gli strumenti ad arco usati per il basso, si trattava probabilmente del violoncello con l'aggiunta del violone per i *tutti*. Tranne la partecipazione solistica dei corni nel *Tuba mirum*, non ci sono prove evidenti dell'uso di strumenti a fiato. Il corno era stato introdotto nelle orchestre nell'ambito dell'opera napoletana per via dell'orchestra di corte viennese, in particolare nelle partiture di Alessandro Scarlatti, uno dei predecessori di Durante come Primo Maestro al Conservatorio di S. Maria di Loreto. Durante ed altri usavano a volte il termine "tromba da caccia" (la versione italiana della "trompe de chasse" francese) per distinguerlo dalla tromba, sebbene questo corno fosse, originariamente, una specie di tromba.

Tempo: Le indicazioni di tempo sono alquanto inconsistenti, messe a confronto le varie fonti. Spesso la distinzione tra "lento" e "veloce" viene indicata dai termini "Adagio" o "Largo" e "Andante". L'editore ha standardizzato le indicazioni di tempo appropriate per aiutare gli esecutori, includendo i movimenti privi di tale indicazione. Gli esecutori, comunque, dovranno notare i casi in cui avviene un cambio di *tactus*. Nella maggior parte dei movimenti si tratta di una seminimina, ma nel *Lacrimosa*, nel *Benedictus* e nell'*Agnus Dei* diventa una minima, passando a una semibreve dalla misura 128 fino alla fine del *Lacrimosa*, nel *Sanctus* e nell'*Osanna I*. Gli esecutori dovranno ricordare di mantenere una certa fluidità nel trattare i vari cambi di tempo. In questa edizione, le pause vengono riportate come nel manoscritto, ma quando appaiono in mezzo a un movimento comportano chiaramente una mera cadenza e non una pausa di lunga durata.

Dinamica: Il termine "dolce" viene usato spesso (anche coll'abbreviatura "d"), ed appare rapportato sia con "forte", sia con "piano" in altre parti della prima fonte. Fonti più tarde sostituiscono "piano" (***p***) per "dolce", ma si è deciso di conservare le indicazioni originali del compositore in beneficio degli esecutori. Lo stesso vale per il termine "dolcissimo" che viene sostituito da ***pp*** in fonti posteriori. Queste indicazioni sono spesso associate a cambi nella trama strumentale/vocale e al contrasto tra i gruppi solistici e corali. Gli elementi di contrasto sono di chiara importanza nella ricerca di un'esecuzione espressiva e stilistica dell'opera. Sono state aggiunte indicazioni editoriali considerate appropriate all'esecuzione.

Ornamentazione: In generale, i trilli nelle parti vocali e strumentali dovrebbero iniziare dalla nota superiore. Mentre nel melodramma napoletano dell'epoca gli esecutori avrebbero senz'altro improvvisato ornamenti, esisteva un certo tradizionalismo nel contesto della musica sacra. Ad ogni modo, vi sono passaggi in questo Requiem dove risulta appropriato ornamentare, specialmente nel *Tuba mirum* (mis. 16) e nel *Quaerens me* (miss. 8 e 16).

Vorrei ringraziare James Potter (Oxford Univerity) per l'aiuto datomi fin da subito nella redazione di questa edizione, nonché Christoph Koop (Peters) per il suo inestimabile lavoro. Sono anche grato al Governing Body of Christ Church (Oxford), all'associazione Friends of Christ Church Cathedral e alla Oxford University per gli aiuti alla ricerca e all'incisione professionale dell'opera (Coro 16147).

Oxford, Dicembre 2018   *Stephen Darlington*
(Traduzione: *Flavio Ferri-Benedetti*)

---

[18] *Relación de las Exequias hechas en Roma a la magestad catolica del rey nuestro señor don Phelipe 5.* (Roma, 1746), p. XXII: "Las dos orchestras, o choros de musica guarnecidas con dos ordenes de frissos, ò cenefas negras con trinos, y franjas de oro alrededor hazian una vista admirable."

[19] Ibid., p. XXIV: "En medio pues de la nave principal entre los dos choros de Musica se descubria erigido con primor peregrino el catafalco pintado â porfido con diversos follajes y centinaduras doradas; a cuyio primer plano se subia por quatro ordenes de gradas."

# Vorwort

Francesco Durantes Requiem c-Moll war von 1746, dem Jahr seiner Entstehung, bis weit ins 19. Jahrhundert hinein in ganz Europa hoch angesehen. Durante wurde als Komponist wie auch als Lehrer sehr bewundert, und sein populärstes Werk, das fünfstimmige Magnificat B-Dur, sicherte ihm den bleibenden Ruf eines der wichtigsten Vertreter des sogenannten Neapolitanischen Stils in der geistlichen Musik des 18. Jahrhunderts. Das Talent des Komponisten, Elemente der konservativen Tradition geistlicher Musik mit radikaleren neuen instrumentalen und opernhaften Stilen zu kombinieren, tritt in seinem Requiem c-Moll besonders hervor. Eine Ausgabe dieses Werkes ist seit langem überfällig: Es ist mit Sicherheit eine der wichtigsten Requiem-Vertonungen aus der Mitte des 18. Jahrhunderts und bietet Chören die Gelegenheit, dieses wundervolle, kaum bekannte Repertoire zu entdecken. Die Musik ist melodiös, dramatisch und unmittelbar ansprechend. Meine Motivation für diese Edition ist es, die Musik und ihren Komponisten wieder ins Bewusstsein von Chören und Zuhörern zu rücken, die sich ihren wirkungsstarken Qualitäten kaum werden entziehen können.

ZUM KOMPONISTEN

Francesco Durante wurde 1684 in Frattamaggiore, einem Vorort von Neapel, geboren und starb 1755 in Neapel. Obwohl aus den Jahren 1705–1728 und 1739–1742 kaum biographische Informationen über ihn bekannt sind, weiß man, dass seine Musikerkarriere ihn nach Rom führte, wo er wahrscheinlich bei Giuseppe Ottavio Pitoni und Bernardo Pasquini studierte und wo er Kapellmeister der Congregazione e Accademia di Santa Cecilia wurde. Die meiste Zeit seines Lebens aber verbrachte er in Neapel (abgesehen von den Jahren 1739–1742, für die sein Aufenthaltsort nicht bekannt ist), nacheinander als Erster Kapellmeister des Conservatorio dei Poveri di Gesù Cristo (1728–1739), des Conservatorio di S. Maria di Loreto (1742–1755) und des Conservatorio Sant'Onofrio a Capuana (1745–1755).[1] Diese Konservatorien wurden (ebenso wie ein viertes, das Pietà de' Turchini) ursprünglich im 16. Jahrhundert zur Erziehung und Versorgung junger Waisenknaben gegründet. Ab dem 17. Jahrhundert nahmen sie auch zahlende Schüler an, von denen sich einige auf das Studium der Musik spezialisierten. Als Kapellmeister musste Durante Gesang, Tasteninstrumente und Kontrapunkt unterrichten. Zu seinen Pflichten gehörte es auch, wann immer es erforderlich war, Musik zu komponieren, die die Knaben aufführten. Zu Durantes Zeit hatte das Conservatorio S. Maria di Loreto etwa 150 Schüler, doch obwohl für den Großteil von ihnen Musikunterricht auf dem Lehrplan stand, spezialisierten sich nur etwa 26 von ihnen im Fach Musik. Die Altersspanne lag von 12 bis 20 Jahren oder mehr, und es gibt viele Hinweise auf männliche Soprane und Eunuchen. Es wurde ein große Vielfalt an Instrumenten unter der Aufsicht je eines Lehrers für Saiten- und für Blasinstrumente unterrichtet. Die Rechnungsbücher weisen aus, dass Musikschüler häufig als Gäste bei externen Aufführungen mitwirkten, und zwar gegen eine Gebühr, die dem Konservatorium zugutekam.[2]

Durante gilt als eine der Schlüsselfiguren bezüglich der Etablierung einer Neapolitanischen Schule in der Mitte des 18. Jahrhunderts. Für die Nachwelt war es einfacher, ihn wegen seiner Schüler (darunter Giovanni Battista Pergolesi, Tommaso Traetta, Niccolò Piccinni und Giovanni Paisiello) anstatt seiner eigenen Werke zu würdigen. Ohne Zweifel hatte er als Lehrer erheblichen Einfluss und vermochte es, seinen Schülern ein umfassendes Wissen über traditionelle Harmonielehre und Kontrapunkt mitzugeben. Doch war er auch ein äußerst begabter und erfindungsreicher Komponist, der es verstand, seine Beherrschung des Kontrapunktes mit Eleganz in der Melodieführung, harmonischem Reichtum und einem Gespür für formale Strukturen zu verbinden, und so einige unvergessliche Werke schuf. Dass es sich fast ausschließlich um geistliche oder instrumentale Musik handelt und nicht um Opern – die im Neapel des 18. Jahrhunderts bekannteste und beliebteste Gattung –, ist sicher ein Grund dafür, dass seine Werke in der Folgezeit in Vergessenheit gerieten.

REZEPTION DES KOMPONISTEN

Francesco Durante wurde zu seinen Lebzeiten wie auch posthum beträchtliches Ansehen zuteil. In seiner im 18. Jahrhundert erschienenen *General History of Music* beschreibt Charles Burney Durante mit den Worten „long master of the Conservatorio of Sant'Onofrio, at Naples, and regarded as the greatest harmonist, as well as the best instructor of his time". Im gleichen Eintrag bestätigt Burney, Durantes Messen und Motetten seien „still in use, and models of correct writing with the students of the several conservatories of Naples".[3] Jean-Jacques Rousseau geht in seinem *Dictionnaire de musique* so weit, Durante als „le plus grand Harmoniste de l'Italie, c'est-à-dire, du Monde"[4] zu bezeichnen. Ein weiterer Autor des 18. Jahrhunderts, André Grétry, bezieht sich in einem Kapitel über Kirchenmusik („De la musique d'église") in seinen *Mémoires* auf den „célèbre Durante" und schreibt,

---

[1] Siehe Hanns-Bertold Dietz, „Durante, Francesco", in: Stanley Sadie (Hrsg.), *The New Grove Dictionary of Music and Musicians*, 2. Ausg., Bd. 5, Oxford 2001, S. 739–741.

[2] Siehe Michael Robinson, „The Governors' Minutes of the Conservatory S. Maria Di Loreto, Naples", in: *Royal Musical Association Research Chronicle*, No. 10 (1972), S. 1–97, mit reichhaltigen Informationen über den Betrieb der neapolitanischen Konservatorien.

[3] „langjähriger Kapellmeister am Konservatorium von Sant'Onofrio in Neapel und nach allgemeinem Dafürhalten einer der größten Harmoniker und besten Lehrer seiner Zeit" und „nach wie vor in Gebrauch und den Studenten der verschiedenen Konservatorien in Neapel Musterbeispiele für korrektes Komponieren", Charles Burney, *A General History of Music*, Bd. 3, London 1789, S. 536.

[4] „den größten Harmoniker Italiens, und also der Welt", Jean-Jacques Rousseau, *Dictionnaire de musique*, Paris 1767, S. 247.

sich über die Trockenheit der Harmonik italienischer Komponisten beklagend: „Cette reine de la musique est trop négligée par les élèves de Durante, qui la possédoit à un si haut degré."[5] Später, im dritten Band seines Buchs, kommentiert er, Durante und Niccolò Jommelli hätten „excellé dans le contrepoint, j'ose dire même un contrepoint sentimental qui est ami d'expression".[6] Es ist bemerkenswert, dass er dies im Kontext eines Abschnitts tut, der die besonderen Fähigkeiten von Pergolesi herausstellt, dem berühmtesten Schüler Durantes.

Wenden wir uns dem 19. Jahrhundert zu, so überrascht es nicht, dass Anton Friedrich Justus Thibaut (1772–1840) eine Abschrift von Durantes Requiem c-Moll besaß: ein Beleg für den Enthusiasmus, mit dem Durantes Musik vom Caecilianismus aufgenommen wurde. Einige Jahre später war Ernst Ludwig Gerber in seinem *Historisch-Biographischen Lexicon der Tonkünstler* (1790–1792) sparsamer mit seinem Lob für den Komponisten und schätzte Alessandro Scarlatti höher ein. In seinem *Neuen historisch-biographischen Lexikon der Tonkünstler* schlug er später einen anderen Ton an und stellte fest, dass Durante einzigartige Kenntnis der Kompositionsregeln gehabt habe und dass „kein Meister so viel Kunstzöglinge gebildet habe, als er".[7] In England wurde der Komponist in das *Dictionary of Musicians* aufgenommen, und über Durantes Duette heißt es dort: „It appears refinement can go no further in this style of composition."[8] Gegen Ende des Jahrhunderts begann Hermann Mendel seinen Eintrag zu Francesco Durante mit der Aussage, er sei „einer der grössten italienischen Kirchencomponisten und Tonlehrer aller Zeiten". Weiter schrieb er: „In Vocalstyle wurde er von keinem der grossen zeitgenössischen Meister übertroffen und im Chorsatze dürfte er nur Händel zum ebenbürtigen Rivalen gehabt haben."[9]

Doch nicht alle Autoren äußerten sich so schmeichelhaft über Durante. In seiner berühmten Zusammenstellung bedeutender Musiker erkannte François-Joseph Fétis zwar an, dass Durante zu den berühmtesten italienischen Komponisten zähle und einige der bekanntesten Kompositionen des 18. Jahrhunderts hervorgebracht hätte, kritisierte ihn aber mit der Bemerkung, er habe sein Leben vorwiegend der geistlichen statt der dramatischen Musik gewidmet, und setzte hinzu: „Il a peu d'invention dans les idées."[10] Durante und andere Komponisten der Zeit fielen gleichwohl der Tendenz insbesondere deutscher Gelehrter des späten 19. Jahrhunderts zum Opfer, die Fähigkeiten und die Originalität italienischer Komponisten infrage zu stellen. Dadurch und durch die Ablehnung groß angelegter, begleiteter Chorwerke in der Liturgie durch die römisch-katholische Kirche (vgl. das *Motu Proprio* von Pius X., 1903) geriet der Großteil von Durantes geistlicher Chormusik in Vergessenheit, ehe sie in den letzten Jahren wiederentdeckt wurde.

In Vorbereitung dieser Edition habe ich 18 der mehr als 50 Handschriften von Durantes Requiem c-Moll konsultiert, vom Autograph aus dem Jahr 1746 bis zu einer Abschrift von 1871. Diese Fülle von Manuskripten legt ein beredtes Zeugnis von der weiten Verbreitung des Werks in ganz Europa über einen Zeitraum von mehr als einem Jahrhundert ab. Dies erklärt sich leicht aus dem umfassenden, politisch beförderten kulturellen Austausch zwischen Spanien, Italien und Nordeuropa im 18. Jahrhundert. Es mag allerdings überraschend sein, dass das Requiem nie publiziert wurde, auch wenn es für einen Verlag von begrenztem kommerziellen Wert gewesen wäre. Immerhin besaß der Komponist ein erhebliches Renommee, wie aus der Vielzahl der historischen Kommentare deutlich wird.

Im frühen 20. Jahrhundert urteilte Edward J. Dent: „When he [Durante] is at his very best, he is most touchingly beautiful, and seems to foreshadow Mozart",[11] und in jüngerer Zeit bemerkte Hanns-Bertold Dietz, das Werk sollte „als bedeutendste Requiem-Vertonung mit Orchester des frühen 18. Jh. angesehen werden".[12] Dass das Requiem c-Moll ein Vorbild für Mozarts oder sogar Michael Haydns Vertonungen war, mag weit hergeholt erscheinen: Die Werke von Johann Adolf Hasse (1763), Florian Leopold Gassmann (1774) oder Paisiello (1789) sind hier als Vorläufer viel naheliegender. Ein Blick auf Georg Reutters Requiem c-Moll (1753) oder Jommellis Requiem Es-Dur (1756) zeigt jedoch, dass Durante über eine klarere Vorstellung von Strukturen sowie über größere Fähigkeiten bei der Kombination traditioneller kontrapunktischer Mittel mit dem einnehmenden Stil der frühen Aufklärung verfügte, der stark von der säkularen Musikwelt der Oper beeinflusst wurde. Große Unterschiede zeigen sich zwischen seiner und der geistlichen Musik seines Vorgängers am Conservatorio dei Poveri di Gesù Cristo, Francesco Feo (1691–1761), dessen Musik weit weniger raffiniert ist und auf kurzen, sich wiederholenden Phrasen und simplen harmonischen Abläufen beruht.

---

[5] „Diese Königin der Musik [d.h. die Kirchenmusik] wird von den Schülern Durantes, der sie doch so meisterlich beherrschte, zu sehr vernachlässigt", André Grétry, *Mémoires*, Bd. 1, Paris 1789 [Nachdruck New York 1971], S. 73.

[6] „sich im Kontrapunkt hervorgetan, ich wage zu sagen, im empfindsamen Kontrapunkt, dem wahren Freund des Ausdrucks", ebd., Bd. 3, S. 418.

[7] Ernst Ludwig Gerber, *Neues historisch-biographisches Lexikon der Tonkünstler*, Bd. 1, Leipzig 1812, Sp. 963.

[8] „Eine noch weitere Vervollkommnung dieses Kompositionsstils ist kaum vorstellbar", John S. Sainsbury, *A Dictionary of Musicians*, London 1824, S. 223.

[9] Hermann Mendel, *Musikalisches Conversations-Lexicon*, Bd. 3, Berlin 1883, S. 283.

[10] „Seinen Ideen mangelt es an Erfindungsreichtum", François-Joseph Fétis, *Biographie universelle des musiciens*, Paris 1866, S. 89.

[11] „In seinen besten Momenten ist er [Durante] von berührender Schönheit und scheint auf Mozart vorauszudeuten", Edward J. Dent, *Selected Essays*, hrsg. von Hugh Taylor, Cambridge 1979, S. 56.

[12] Hanns-Bertold Dietz, Art. „Durante, Francesco", in: *Die Musik in Geschichte und Gegenwart*, 2. Ausg., hrsg. von Ludwig Finscher, Personenteil, Bd. 5, Sp. 1675.

ZUM WERK

Das Requiem c-Moll von Francesco Durante enthält eine Reihe bemerkenswerter Besonderheiten, die es wert sind, genauer betrachtet zu werden.

Vokal- und Instrumentalsatz: Das Werk ist für fünfstimmigen Solochor (SSATB) mit zusätzlichem Ripienochor (ATB) angelegt, dazu Streicher, Basso continuo und Hörner. In der Hauptquelle sind die Stimmen mit „primo" und „secondo" bezeichnet; in der vorliegenden Ausgabe wird für die „secondo"-Stimmen der Ausdruck „ripieno" verwendet. Eine solche Vokalbesetzung war in der begleiteten geistlichen Musik der Zeit üblich. Sie erlaubte es Durante, die räumliche Trennung der Chöre in der Kirche S. Giacomo degli Spagnoli auszunutzen (siehe AUFFÜHRUNGSGESCHICHTE). Der Komponist handhabte diese Möglichkeiten in fantasievoller Weise. Während beispielsweise der Ripienochor die meiste Zeit zur Verstärkung des Solochores verwendet wird (z. B. zu Beginn des *Dies irae*), verdichtet er an anderen Stellen den Vokalsatz, wie etwa im *Libera me* (Takte 14–15). Durante nutzte diesen erweiterten Satz auch für dramatische Wiederholungseffekte, wie etwa zu Beginn des *Ingemisco*.

Solopartien: Die solistischen Passagen zeigen deutlich opernhafte Einflüsse, von der lyrischen Sopranarie *Tuba mirum* bis zum Duett von Sopran und Alt im *Quaerens me*.

Tonarten und Form: Das Duett *Quaerens me* illustriert die kühne Herangehensweise des Komponisten. Der Satz beginnt in Es-Dur und endet in der Doppeldominante F-Dur, welche direkt zu den grandiosen f-Moll-Akkorden zu Beginn des *Ingemisco* überleitet – ein eindrucksvoller, dramatischer Effekt. Auch Wiederholungen einzelner Abschnitte werden überzeugend behandelt, wie etwa die ersten Takte des *Dies irae*, die zu Beginn des *Quid sum miser* wiederholt werden, oder die auf das Wort „Requiem" erklingende Terzrepetition, die in Takt 6 des ersten Satzes sowie in Takt 17 der *Communio (Lux aeterna)* und zu Beginn des *Responsoriums (Requiem aeternam)* erscheint.

Kontrapunkt: Es ist nicht verwunderlich, dass sich zahlreiche kontrapunktische Elemente im Werk finden, und der Komponist war zudem sichtlich bemüht, ihre Wichtigkeit hervorzuheben. Ein anschauliches Beispiel bietet das *Pleni sunt coeli*, das in vielen Quellen mit „Canon sop.ª can." überschrieben ist. In einer der Quellen erscheint an dieser Stelle in den beiden Altstimmen die Angabe „Canone alla quarta sopra" und in den Tenorstimmen „Canone alla quinta sotto"[13], um ganz sicherzugehen, dass den Ausführenden die satztechnische Raffinesse nicht entgeht.

Instrumentierung: Zwar beschränkt sich die Besetzung auf Streicher und zusätzlich zwei Hörner im *Tuba mirum*, aber diese Instrumente werden mit bewundernswertem Geschick eingesetzt – lyrisch und expressiv zu Beginn, kraftvoll und dramatisch im *Dies irae* mit den *spaventoso* (furchterregend) zu spielenden Tonleitern, lieblich ergreifend im *Lacrimosa*, schwungvoll *tremolando* im *Libera me I* (Takte 32ff.) oder *arpeggiando* im *Offertorium* (Takte 23ff.).

Insgesamt wird klar verständlich, warum dieses Requiem nach seiner Entstehung über mehr als ein Jahrhundert hinweg so populär war, denn Durante dringt in seinem Werk unmittelbar zum Gehalt des Textes vor, wobei er die Klischees der neapolitanischen Musiksprache der ersten Hälfte des 18. Jahrhunderts hinter sich lässt und eine eindrucksvolle Verbindung zwischen Harmonik und Melodik schafft.

AUFFÜHRUNGSGESCHICHTE

Die Erstaufführung fand am 15. September 1746 in der Kirche S. Giacomo degli Spagnoli an der Piazza Navona in Rom statt. König Philipp V. von Spanien war am 9. Juli des Jahres gestorben, weshalb in spanischen Kirchen in ganz Europa Gedächtnismessen zu seinen Ehren gefeiert wurden. Berichte beschreiben die außergewöhnliche Pracht des römischen Gottesdienstes, der unter Beteiligung der päpstlichen Kapelle gestaltet wurde und an dem 26 Kardinälen, etwa 60 Priester

---

[13] Paris, Bibliothèque nationale de France, D3733 (1).

I. Ferdinando Fuga, *Spaccato geometrico per lungo della Regia Chiesa di S. Giacomo, e S. Idelfonso,*
Longitudinal section (partial) / sezione longitudinale (ritaglio) / Längsschnitt (Ausschnitt), 1746

sowie zahlreiche Aristokraten und Repräsentanten aus mehreren Ländern teilnahmen, darunter der englische König Georg II.[14] Weitere Aufschlüsse über die Aufführung in Rom gibt eine Serie von Kunststichen, die dort im September 1746 erschien, darunter eine Darstellung, welche die Dekoration der spanischen Nationalkirche in Rom, S. Giacomo degli Spagnoli an der Piazza Navona, zeigt (Abb. V, S. XVII). Die Stiche waren 1746 von Kardinal Trojano Acquaviva, Protektor des Königreichs Spanien, beim Künstler Ferdinando Fuga (1699–1782) in Auftrag gegeben worden – „in occasione delle solenni Esequie celebrate per la morte della Maestà di Filippo V. Rè di Spagna".[15] Ein weiterer Stich mit einer Längsansicht vom Inneren des Gebäudes zeigt deutlich zwei „coretti" zu beiden Seiten des Katafalks (Abb. I, S. XIV). Auf ihnen scheinen Mitglieder der Kongregation geses-sen zu haben.

In einem „Roma, 10 Septembre 1746" datierten Brief an Padre Giovanni Battista Martini (1706–1784) erwähnt Girolamo Chiti (1679–1759) eine Totenmesse für S. Giacomo degli Spagnoli von „Ciccio Durante Napolitano Sc[o]laro di Pit[o]ni" und berichtet über den spanischen Auftrag an Durante, ein Requiem für die königliche Totenfeier („e regij funerali") zu komponieren. Es bleibt rätselhaft, warum der Autor ausführt, dass es sich um eine Messe für vier (anstatt acht) Stimmen mit Instrumentalbegleitung handle. Der betreffende Abschnitt des Briefes lautet: „Per questo S. Giacomo, e regij funerali, l'hanno fatto fare questi Spagnuoli a Ciccio Durante Napolitano Sclaro di Pitni, che per verità, a 4 con Istrumenti co suole cogliere con somma proprietà, sentiremo la settimana veniente."[16]

Eine mögliche Erklärung bietet die Tatsache, dass Durante für das *Sanctus* und *Benedictus* des Requiems Vorlagen aus einem seiner früheren Werke, der vierstimmigen *Missa in Palestrina* (1739) verwendete. Die beiden Sätze der A-cappella-Messe, die deutlich dem römischen *Stile antico* Palestrinas verpflichtet ist, wurden vom Komponisten für sein neues Auftragswerk wie folgt angepasst.

Sanctus: In diesem Satz wurden Instrumentalstimmen hinzugefügt und die Vokalstimmen mit ergänzter Sopranstimme überarbeitet. Zugleich erfolgte eine Kürzung (von 76 auf 65 Takte). Die Faktur der Singstimmen wurde jedoch von Takt 38 bis zum Schluss exakt übernommen.

Sanctus (Benedictus): Hier treten keine Änderungen der Singstimmen auf, die Basso-continuo-Stimme wurde ergänzt.

Sanctus (Osanna II): Auch hier sind die Singstimmen unverändert übernommen und die Instrumentalstimmen ergänzt worden.

Durantes Einbindung dieser Teile könnte entweder als bewusste Hommage an Palestrina erklärt werden oder eine rein praktische Lösung gewesen sein, um das Requiem rechtzeitig zum Aufführungstermin fertigzustellen.[17]

Durantes Requiem entspricht durchgängig dem formalen Aufbau des römisch-katholischen Ritus' des 18. Jahrhunderts. Die beiden Schlusssätze (*Libera me II* und *Kyrie II*) gehören zur Absolution des Verstorbenen an dessen Bahre oder Grab und wurden daher wahrscheinlich auch bei dieser Aufführung gesungen.

II. Title of the Organ part / titolo della parte Organo / Titelblatt der Orgelstimme

Der vorliegende Klavierauszug basiert auf der Hauptquelle des Werkes in der British Library, Add 14111, f. 128ʳ–161ʳ. Die Quelle besteht aus vier autographen Instrumentalstimmen und acht Singstimmen, wobei letztere genau der gleichen Form der zugehörigen Partitur dieser Urtext-Ausgabe entsprechen (Ergänzungen des Herausgebers sind durch Kleinstich, Kursivdruck und gestrichelte Bögen gekennzeichnet). Der Klavierpart gibt den Orchesterpart so getreu wieder möglich wieder und beinhaltet darüber hinaus harmonische Ergänzungen sowie vereinzelte Transpositionen (vor allem der Bratschenstimme). Das *Tuba mirum* umfasst zwei Hörner, die in der genannten Quelle fehlen. Die Basso-continuo-Stimme sollte auf einer Orgel in Begleitung von Violoncello und Violone (bzw. Kontrabass) ausge-führt werden. Genauere Angaben finden sich im Kritischen Bericht der Partitur (EP 73044).

---

[14] *Relación de las Exequias hechas en Roma a la magestad catolica del rey nuestro señor don Phelipe 5.*, Rom 1746, S. XL: „el insigne Maestro de capilla Francisco Durante, residente en Napoles, hizo una nueva, y gustosa composición de Musica para la Missa, â instancias de los Señores Administradores de dicha Yglesia" (Der berühmte Kapellmeister Francesco Durante, wohnhaft in Neapel, fertigte eine neue und angenehme Komposition für die Messe auf Ersuchen der Herren Verwalter der genannten Kirche.) Ich danke Prof. Dr. Juan José Carreras für seinen Hinweis auf diese Quelle in der Madrider Biblioteca Nacional de España, ER 4212.

[15] „anlässlich der Totenfeier für Seine Majestät Philipp V. König von Spanien", Elisabeth Kieven, *Ferdinando Fuga e l'architettura romana del Settecento*, Rom 1988, S. 184, Abb. 77; vgl. auch Ferdinando Fuga, *Progetti per le esequie di Re Filippo V di Spagna in S. Giacomo degli Spagnoli*, Rom 1746, sowie http://lineamenta. biblhertz.it:8080/Lineamenta/103 3478408.39/1053349068.91/ 1075740355.3/view, abgerufen am 10.11.2018.

[16] Federico Parisini, *Carteggio inedito del P. Giambattista Martini coi più celebri musicisti del suo tempo*, Bologna 1888.

[17] Ich danke Prof. Dr. Hanns-Bertold Dietz herzlich für seinen Hinweis in diesem Punkt.

AUFFÜHRUNGSHINWEISE

Obwohl überliefert ist, dass zur Uraufführung der Chor der päpstlichen Kapelle beteiligt war, ist über die übrigen mitwirkenden Musiker nichts bekannt. Bei besonderen Anlässen wie Heiligenfesten oder Totenmessen wurden in der Kirche S. Giacomo degli Spagnoli womöglich Podeste errichtet, um zusätzlichen Aufführenden Platz zu bieten. Ein historischer Bericht der Erstaufführung erwähnt, dass zwei Orchester bzw. Chöre von Musikern jeweils von einem Fries umgeben waren, voraus eindeutig hervorgeht, dass eine räumliche Trennung gegeben war.[18] Bestätigt wird dies im gleichen Dokument durch einen Hinweis auf den Anblick des Katafalks in der Mitte des Hauptschiffs mit den beiden ihn umgebenden Chören.[19]

Vokalbesetzung: Im 18. Jahrhundert waren die Sänger einschließlich der Solisten sämtlich Männer, hingegen waren an späteren Aufführungen, insbesondere im 19. Jahrhundert, sicherlich weibliche Sopranistinnen und Altistinnen beteiligt. Der musikalische Stil erlaubt eine Aufführung mit Chören beliebiger Größe unter Begleitung eines entsprechend stark besetzten Instrumentalensembles. Am wirkungsvollsten ist eine Aufführung mit solistischer SSATB-Besetzung und einem SSATB/ATB-Chor. Abgesehen von den Sätzen *Tuba mirum*, *Quaerens me* und dem Beginn des Satzes *Responsorium (Dies illa)*, die ausdrücklich solistisch besetzt sind, können alle anderen Sätze auch durchweg *tutti* gesungen werden.

Instrumente: Die Basso-continuo-Stimme wird in allen Quellen explizit als „Organo" bezeichnet, und es ist sehr wahrscheinlich, dass der Streichbass mit Violoncello und in den Tutti-Abschnitten zusätzlich mit Violone besetzt war. Abgesehen von den Solo-Hörnern im *Tuba mirum* gibt es keinerlei Hinweise auf Blasinstrumente. Das Horn hatte über die Wiener Hofkapelle Eingang in das neapolitanische Opernorchester gefunden, besonders in die Partituren Alessandro Scarlattis, der ein Vorgänger von Durante als Erster Kapellmeister des Conservatorio S. Maria di Loreto war. Durante und andere benutzten zeitweise die Bezeichnung „tromba da caccia" (die italienische Version des französischen „trompe de chasse"), um das Horn von der Trompete zu unterscheiden, auch wenn das hier verwendete kreisrund geschwungene Horn ursprünglich eine Trompetenart war.

Tempo: Die Tempoangaben sind in allen Quellen ungenau; langsame und schnelle Tempi werden häufig nur durch die Tempoangaben „Adagio" oder „Largo" und „Andante" unterschieden. Zu beachten sind Stellen, an denen ein Wechsel des Schlages, des „tactus", erfolgt. In den meisten Sätzen sind es Viertelschläge, im *Lacrimosa*, *Benedictus* und *Agnus Dei* hingegen halbe Noten und im *Lacrimosa* (Takt 128 bis Ende), *Sanctus* und *Osanna I* ganze Noten. Man achte besonders darauf, bei der Umsetzung von Tempowechseln den musikalischen Fluss nicht zu unterbrechen. Fermaten sind in der vorliegenden Ausgabe genau wie in der Handschrift gesetzt; wenn sie jedoch inmitten eines Satzes erscheinen, sind sie zweifellos zur Kennzeichnung einer Kadenz und nicht als lang gehaltene Unterbrechung gedacht.

Dynamik: An vielen Stellen wird der Terminus „dolce" verwendet (oft abgekürzt durch „d"), der in der Hauptquelle in Verbindung mit „forte" und „piano" erscheint. In späteren Quellen wurde „dolce" durch „piano" (*p*) ersetzt. Für die vorliegende Ausgabe wurde jedoch entschieden, die ursprünglichen Hinweise des Komponisten beizubehalten. Das gleiche gilt für den Terminus „dolcissimo", der in späteren Quellen als *pp* erscheint. Diese Bezeichnungen sind bisweilen mit einem Wechsel im musikalischen Satz oder von Soli und Tutti verbunden. Kontrastierende Elemente sind von entscheidender Wichtigkeit, will man dem dramatischen Gehalt des Werkes stilistisch gerecht werden. Wo geboten, wurden dynamische Anweisungen vom Herausgeber ergänzt.

Verzierungen: Triller in den Vokal- und Instrumental-Stimmen sollten generell auf der oberen Note beginnen. Während es in der neapolitanischen Oper der Zeit ganz selbstverständlich war, die Verzierungen frei zu improvisieren, war die die geistliche Musik bewusst von einem konservativen Ansatz geprägt. Dennoch gibt es in diesem Requiem einige Passagen, in denen Verzierungen angebracht sind, so im *Tuba mirum* (Takt 16) und *Quaerens me* (Takte 8 und 16).

Ich möchte sowohl James Potter (Oxford University) für seine frühzeitige Unterstützung bei der Entstehung dieser Ausgabe und der Generalbassaussetzung als auch Christoph Koop (Peters) für seine wertvolle Arbeit danken. Ebenso bin ich dem Governing Body von Christ Church Oxford, dem Förderverein Friends of Christ Church Cathedral und der Universität Oxford dankbar für die gewährte Forschungsunterstützung und die Finanzierung der professionellen Einspielung (Coro 16147).

Oxford, Dezember 2018   *Stephen Darlington*
(*Übersetzung: Dirk Constapel-Meine*)

---

[18] *Relación de las Exequias hechas en Roma a la magestad catolica del rey nuestro señor don Phelipe 5.*, Rom 1746, S. XXII: „Las dos orchestras, o choros de musica guarnecidas con dos ordenes de frissos, ò cenefas negras con trinos, y franjas de oro alrededor hazian una vista admirable." (Die zwei Orchester oder Musikchöre, gesäumt von zwei Reihen von Friesen oder schwarzen Borten mit Verzierungen und goldenen Fransen rundherum, boten einen bewundernswerten Anblick.)

[19] Ebd., S. XXIV: „En medio pues de la nave principal entre los dos choros de Musica se descubria erigido con primor peregrino el catafalco pintado â porfido con diversos follajes y centinaduras doradas; a cuyo primer plano se subia por quatro ordenes de gradas." (In der Mitte des Hauptschiffes zwischen den zwei Musikchören kam der Katafalk zum Vorschein, errichtet mit außerordentlicher Geschicklichkeit, bemalt als Porphyr mit verschieden goldenem Blattwerk und Verzierungen, auf dessen erste Ebene man über vier Reihen von Stufen gelangte.)

Illustrations · Illustrazioni · Abbildungen

XVII

III. Francesco Durante, painting by an anonymous 18th-century Neapolitan painter / dipinto di un pittore ignoto napoletano del XVIII secolo / Gemälde eines unbekannten neapolitanischen Malers des 18. Jahrhunderts

IV. Ferdinando Fuga, *Vista en prospecto del Tumulo* engraving / incisione / Stich, 1746

V. Ferdinando Fuga, *Veduta geometrica della Facciata verso Piazza Navona della Regia Chiesa di S. Giacomo, e S. Idelfonso*, engraving / incisione / Stich, 1746

Requiem
(Messa de' morti)

C minor · Do minore · c-Moll

1. Introitus – Kyrie
Introitus

Francesco Durante (1684–1755)
Edited by / a cura di / herausgegeben von Stephen Darlington

9
do - na_ e - is_ Do - - - - - mi - ne, do - na, do - na, do - na_ e - is_ Do -
do - na_ e-is Do - - - - - mi - ne, do - na, do - na, do - na_ e-is Do -
3
3
f
f
p

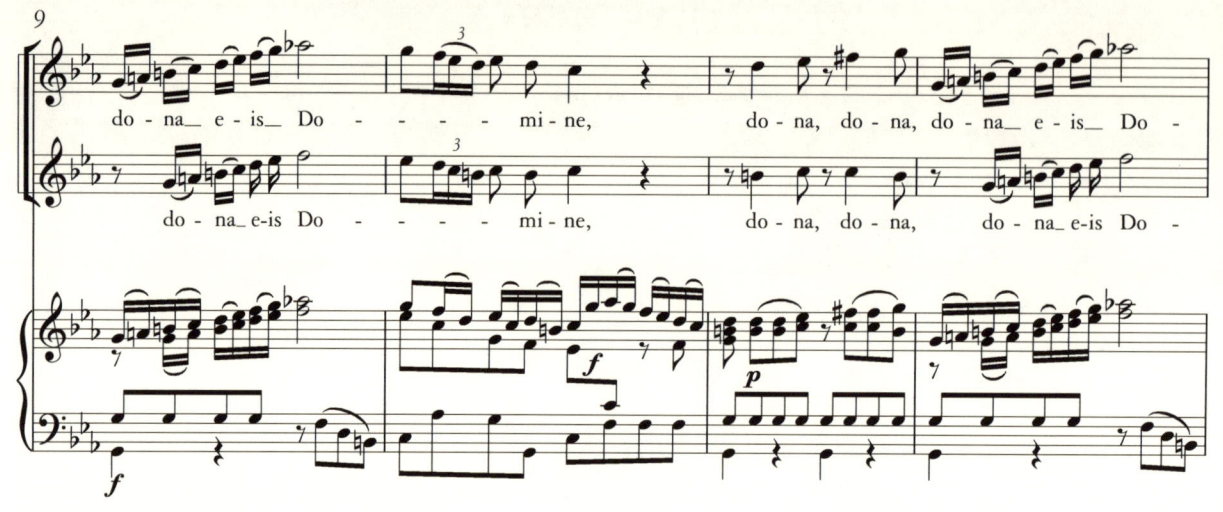

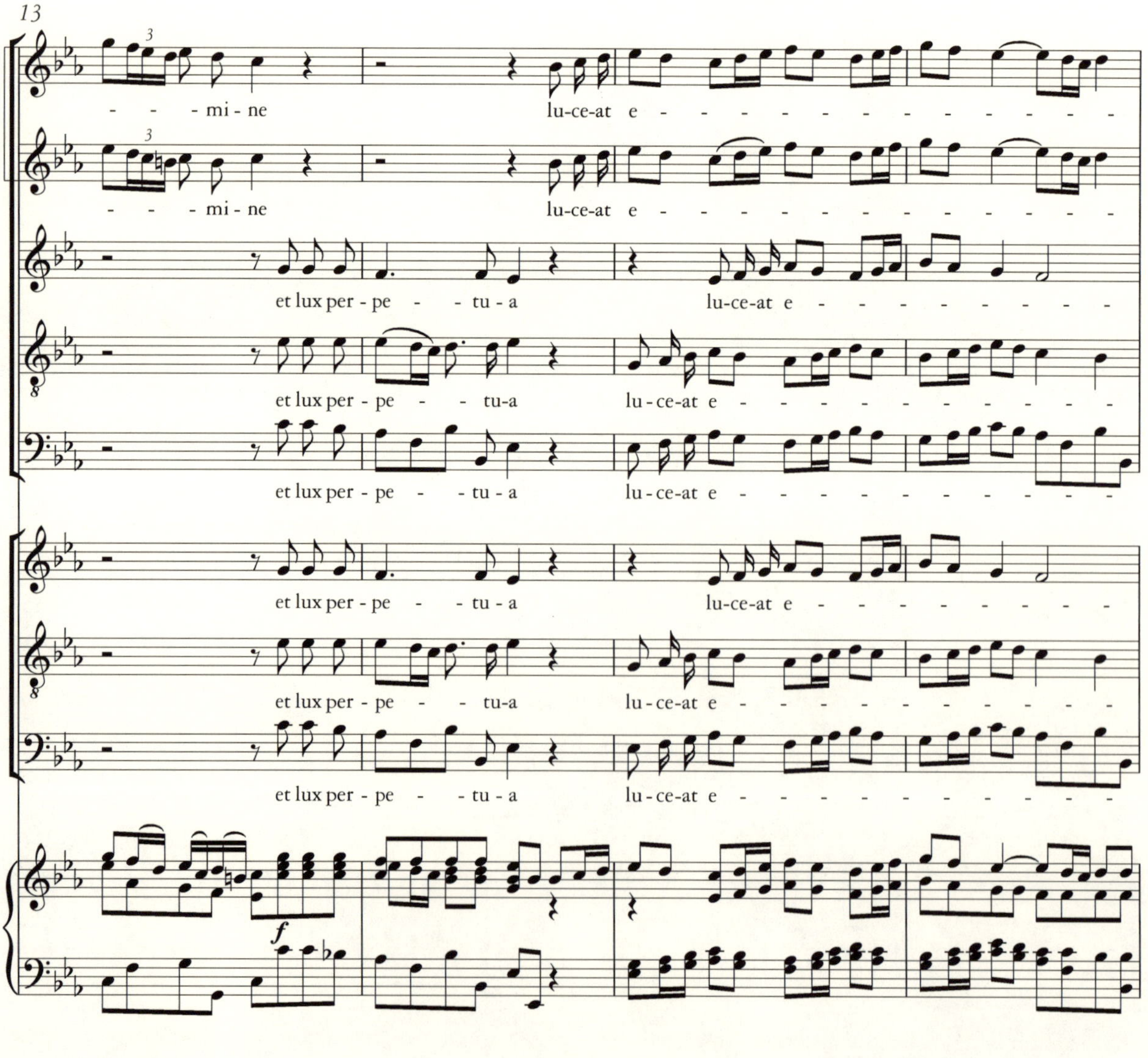
13
- - mi - ne lu-ce-at e - - - - - - - - - - - - -
- - mi - ne lu-ce-at e - - - - - - - - - - - - -
et lux per - pe - - tu - a lu-ce-at e - - - - - - - - -
et lux per - pe - - tu-a lu - ce-at e - - - - - - - - - -
et lux per - pe - - tu - a lu - ce-at e - - - - - - - - - -
et lux per - pe - - tu - a lu-ce-at e - - - - - - - - -
et lux per - pe - - tu-a lu - ce-at e - - - - - - - - - -
et lux per - pe - - tu - a lu - ce-at e - - - - - - - - - -
3
3
f

* The term *dolce* (or its abbreviation) is used by the composer in combination with both 'forte' and 'piano' in other parts throughout the work. See preface for more information. /

Il termine *dolce* (o la sua abbreviazione) viene usato dal compositore assieme a *forte* e *piano* in tutta l'opera. Per ulteriori informazioni, cfr. la prefazione. /

Die Bezeichnung „dolce" (oder ihre Abkürzung) hat der Komponist in Verbindung mit „forte" und „piano" in anderen Stimmen im gesamten Werk verwendet. Nähere Informationen finden sich im Vorwort.

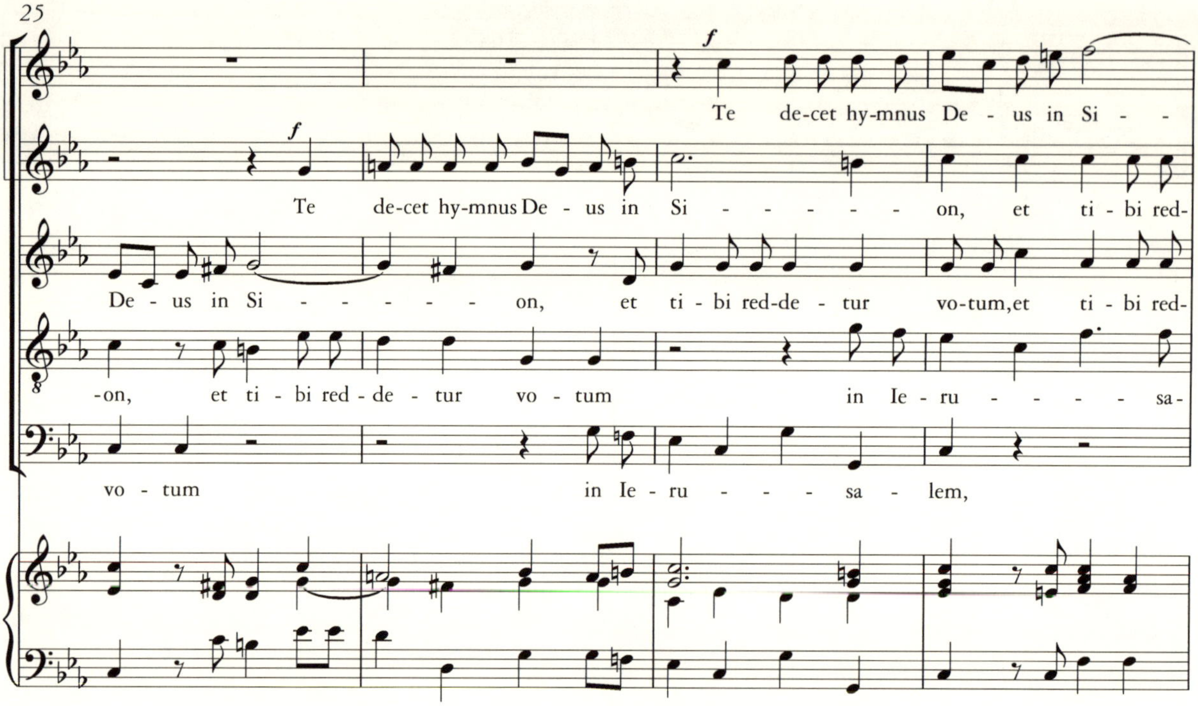
25
Te de-cet hy-mnus De - us in Si - -
Te de-cet hy-mnus De - us in Si - - - - - - on, et ti - bi red-
De - us in Si - - - - - - on, et ti - bi red-de - tur vo-tum, et ti - bi red-
-on, et ti - bi red - de - tur vo - tum in Ie - ru - - - - - sa-
vo - tum in Ie - ru - - - - sa - lem,

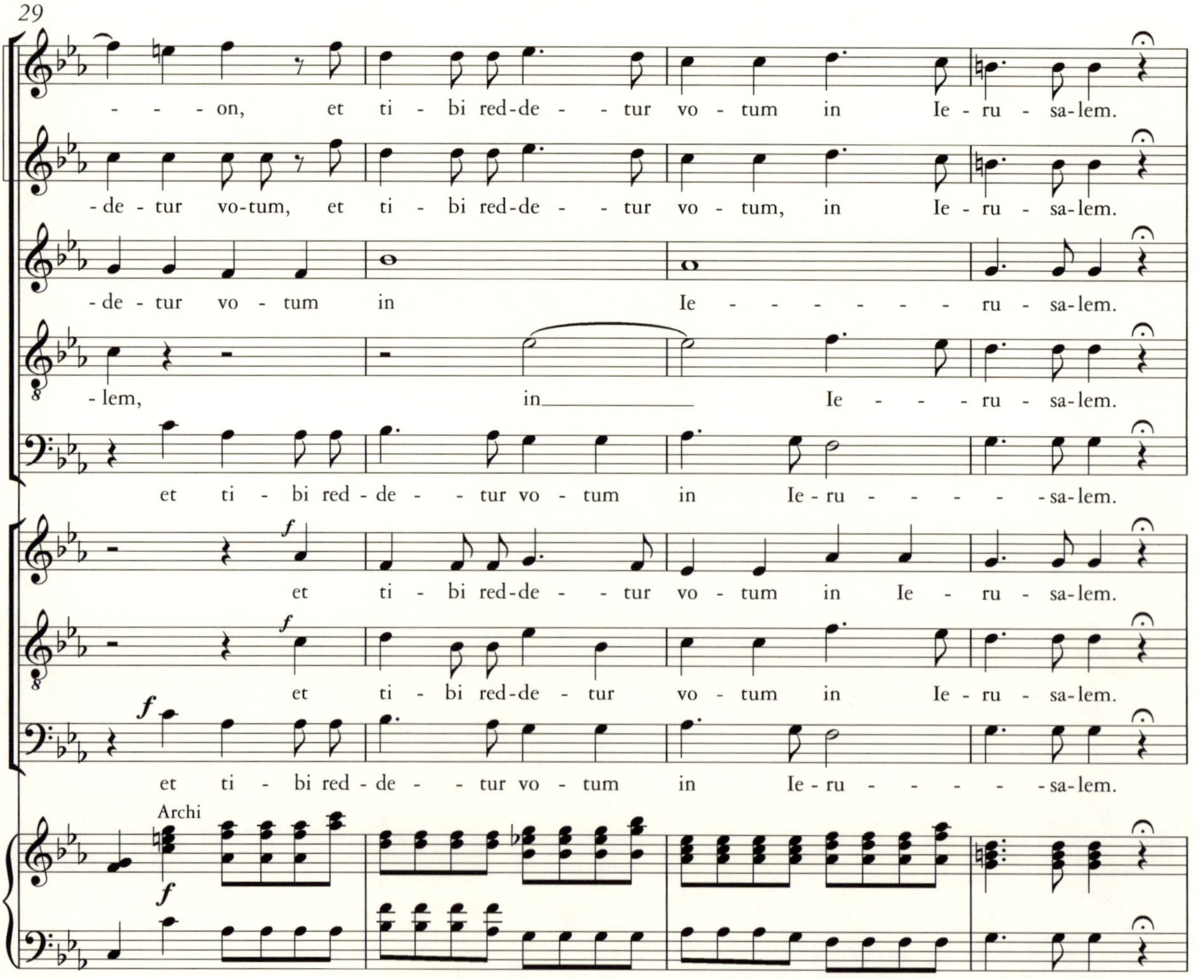
29
- - - on, et ti - bi red-de - - tur vo - tum in Ie - ru - sa-lem.
-de - tur vo-tum, et ti - bi red-de - - tur vo - tum, in Ie - ru - sa-lem.
-de - tur vo - tum in Ie - - - - - - ru - sa-lem.
- lem, in Ie - - - - ru - sa-lem.
et ti - bi red - de - - tur vo - tum in Ie-ru - - - - - - sa-lem.
et ti - bi red-de - - tur vo - tum in Ie - ru - sa-lem.
et ti - bi red-de - tur vo - tum in Ie - ru - sa-lem.
et ti - bi red - de - - tur vo - tum in Ie-ru - - - - - - sa-lem.
Archi

Kyrie

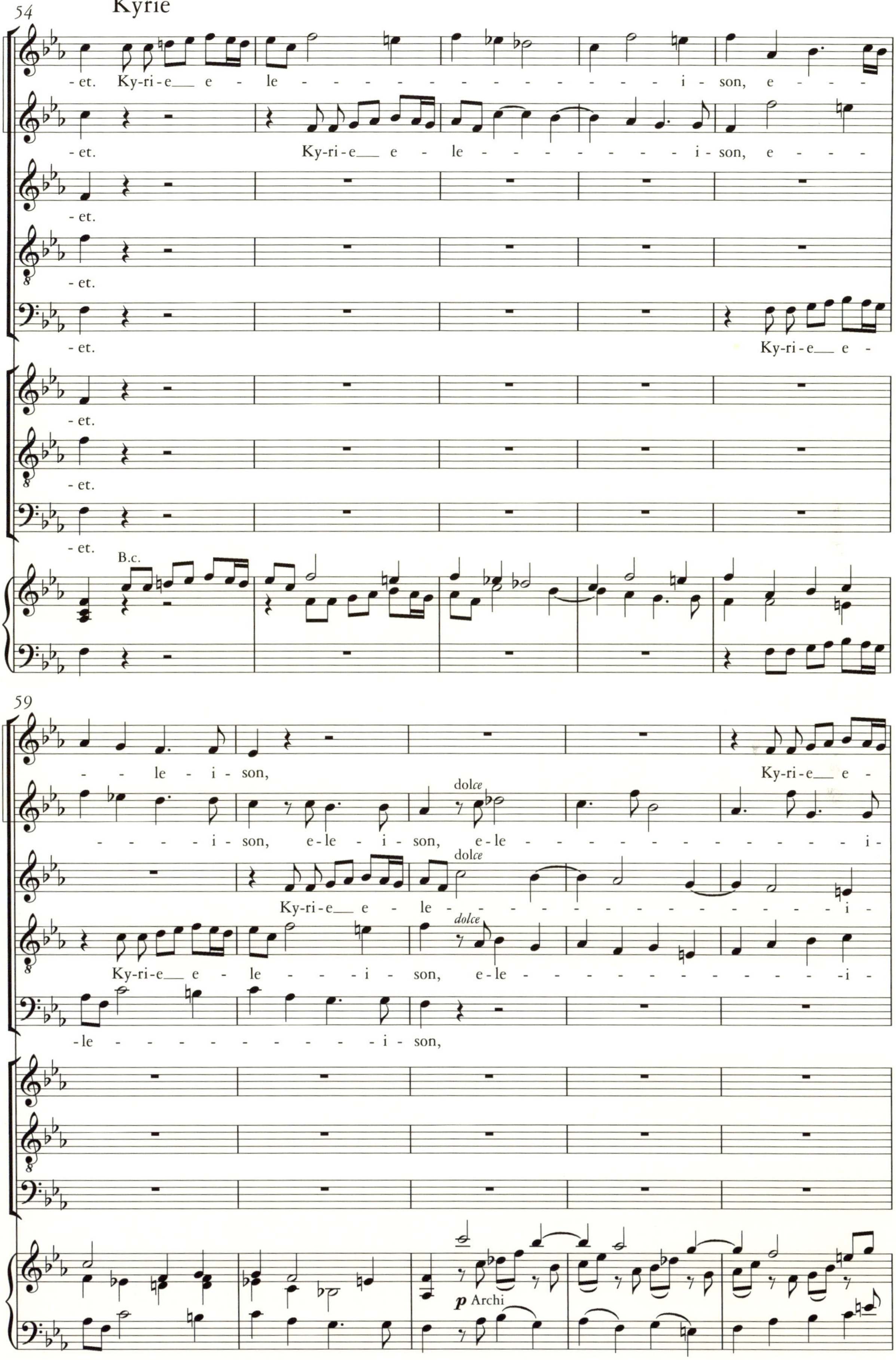
54
-et. Ky-ri-e— e - le - - - - - - - - - - - - - - - i - son, e - - -
-et. Ky-ri-e— e - le - - - - - - - - - i - son, e - - -
-et.
-et.
-et. Ky-ri-e— e -
-et.
-et.
-et.
B.c.
59
- - le - i - son, Ky-ri-e— e -
- - - - i - son, e-le - i - son, e-le - - - - - - - - - - - - - i-
dolce
Ky-ri-e— e - le - - - - - - - - - - - - - - i -
dolce
Ky-ri-e— e - le - - - i - son, e-le - - - - - - - - - - - - - - - -i -
dolce
-le - - - - - - - - - - i - son,
p Archi

9
- - - mi - ne, do - na, do - na, do - na_ e - is_ Do - - - - - - mi -
- - - mi - ne, do - na, do - na, do - na_ e - is Do - - - - - - - mi -
f p p p
f f f
3

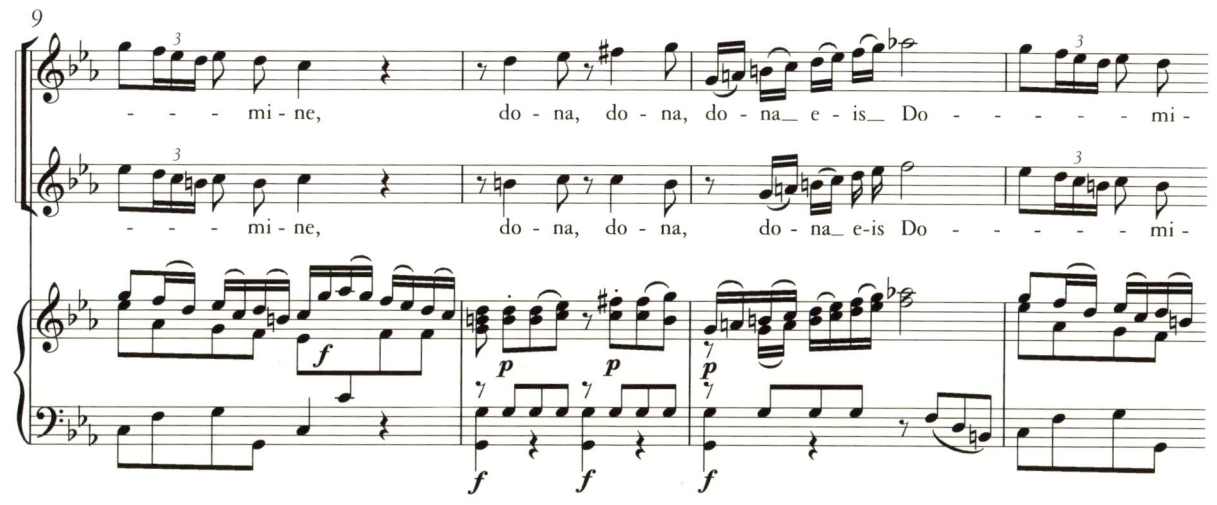

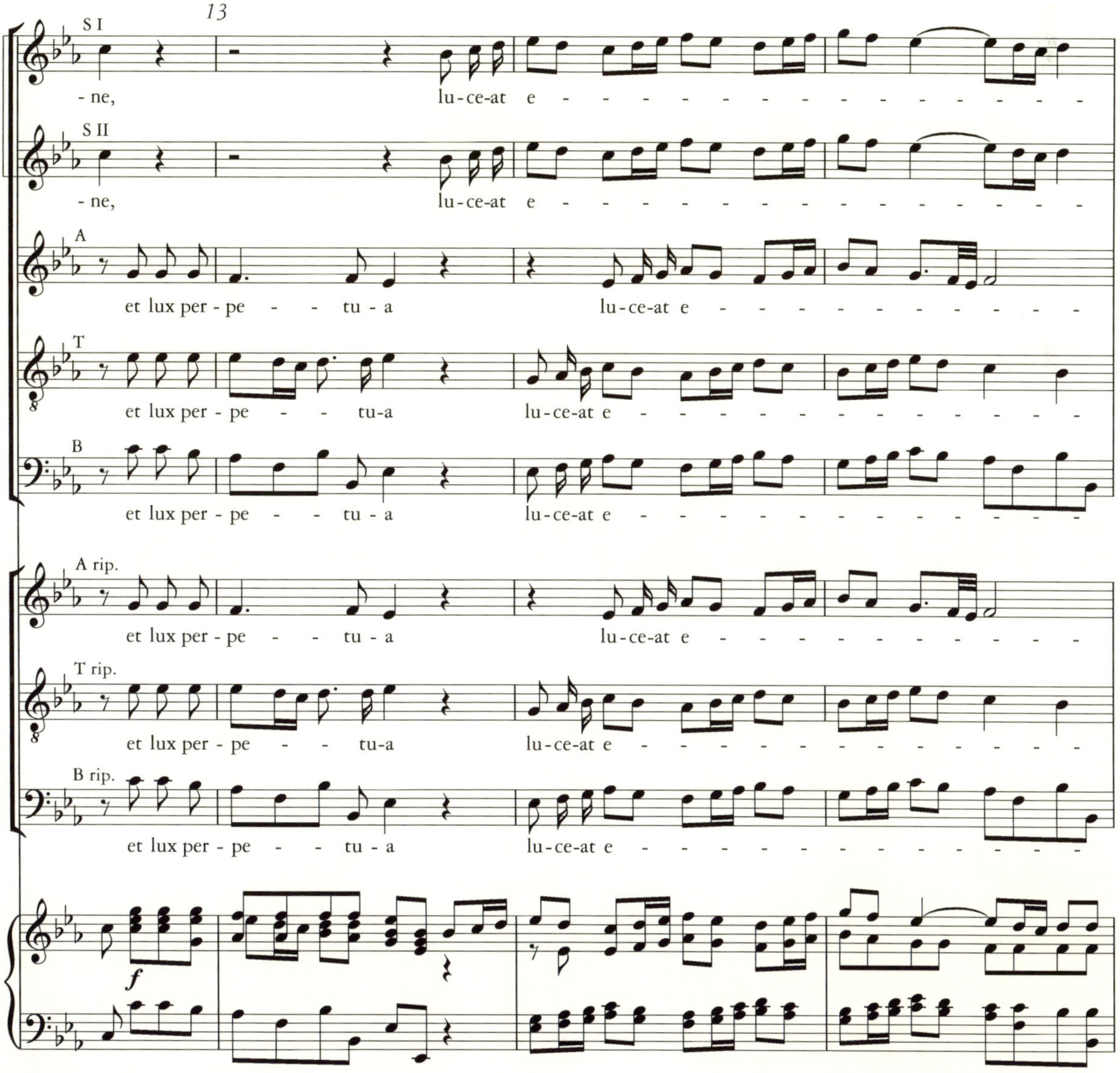
13
S I
- ne, lu - ce - at e - - - - - - - - - - - - - - -
S II
- ne, lu - ce - at e - - - - - - - - - - - - - - -
A
et lux per - pe - - tu - a lu - ce - at e - - - - - - - - - - - -
T
et lux per - pe - - tu - a lu - ce - at e - - - - - - - - - - - -
B
et lux per - pe - - tu - a lu - ce - at e - - - - - - - - - - - -
A rip.
et lux per - pe - - tu - a lu - ce - at e - - - - - - - - - - - -
T rip.
et lux per - pe - - tu - a lu - ce - at e - - - - - - - - - - - -
B rip.
et lux per - pe - - tu - a lu - ce - at e - - - - - - - - - - - -
f

3.a Sequentia (Dies irae)

3.b Sequentia (Tuba mirum)

3.c Sequentia (Mors stupebit)

3.d Sequentia (Quid sum miser)

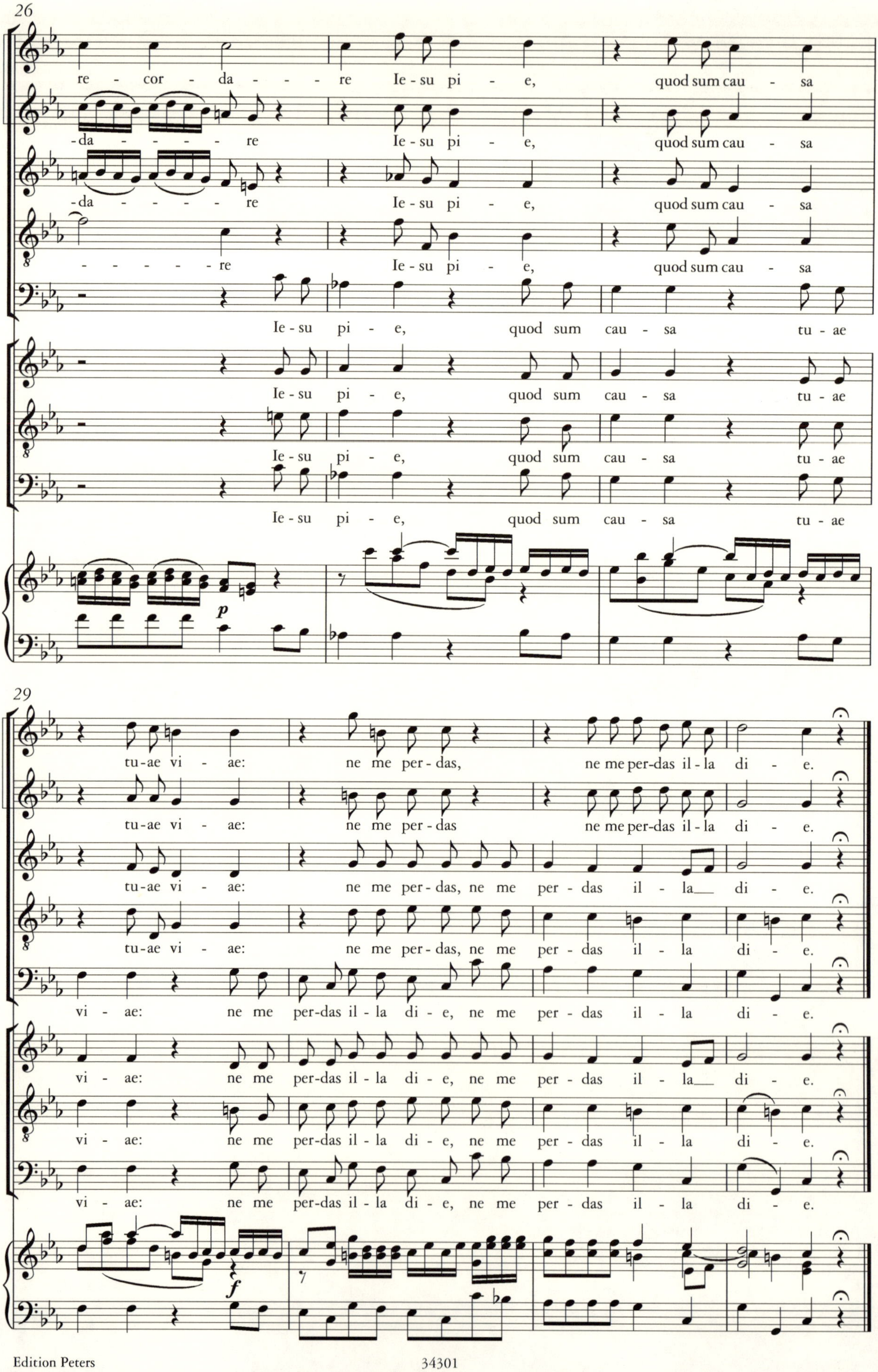
26
re - cor - da - - - re Ie-su pi - e, quod sum cau - sa
-da - - - - re Ie-su pi - e, quod sum cau - sa
-da - - - - re Ie-su pi - e, quod sum cau - sa
- - - - - re Ie-su pi - e, quod sum cau - sa
Ie-su pi - e, quod sum cau - sa tu-ae
Ie-su pi - e, quod sum cau - sa tu-ae
Ie-su pi - e, quod sum cau - sa tu-ae
Ie-su pi - e, quod sum cau - sa tu-ae
p
29
tu-ae vi - ae: ne me per-das, ne me per-das il-la di - e.
tu-ae vi - ae: ne me per-das ne me per-das il-la di - e.
tu-ae vi - ae: ne me per-das, ne me per - das il - la di - e.
tu-ae vi - ae: ne me per-das, ne me per - das il - la di - e.
vi - ae: ne me per-das il - la di - e, ne me per - das il - la di - e.
vi - ae: ne me per-das il - la di - e, ne me per - das il - la di - e.
vi - ae: ne me per-das il - la di - e, ne me per - das il - la di - e.
vi - ae: ne me per-das il - la di - e, ne me per - das il - la di - e.
f

3.e Sequentia (Quaerens me)

3.f Sequentia (Ingemisco)

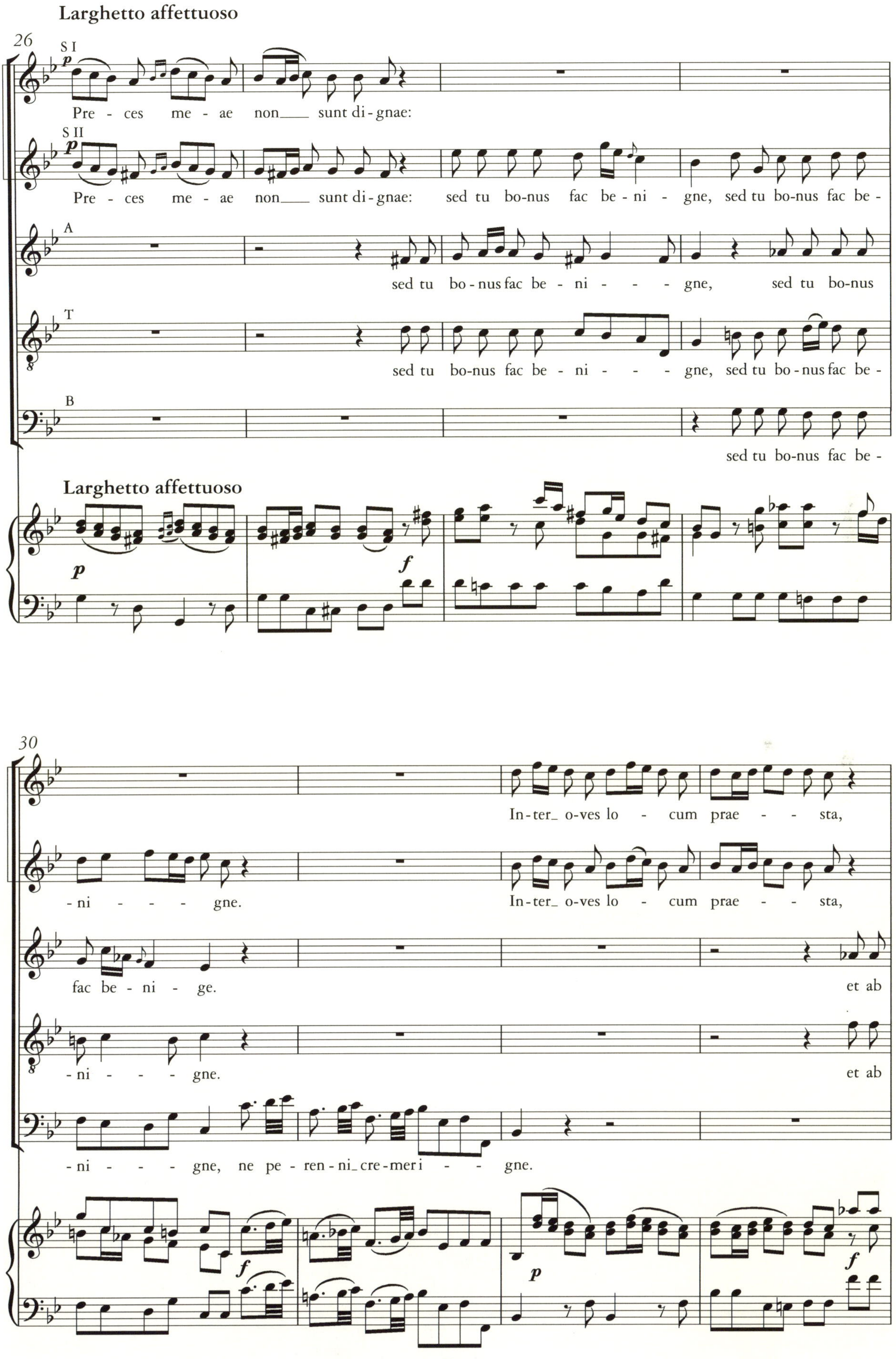
Larghetto affettuoso
26
S I
Pre - ces me - ae non sunt di - gnae:
S II
Pre - ces me - ae non sunt di - gnae: sed tu bo-nus fac be - ni - gne, sed tu bo-nus fac be -
A
sed tu bo - nus fac be - ni - - - gne, sed tu bo-nus
T
sed tu bo-nus fac be - ni - - - gne, sed tu bo - nus fac be -
B
sed tu bo-nus fac be -
Larghetto affettuoso
30
In-ter o-ves lo - cum prae - - sta,
- ni - - - gne. In-ter o-ves lo - cum prae - - sta,
fac be - ni - ge. et ab
- ni - - - gne. et ab
- ni - - - gne, ne pe - ren-ni cre-meri - - gne.

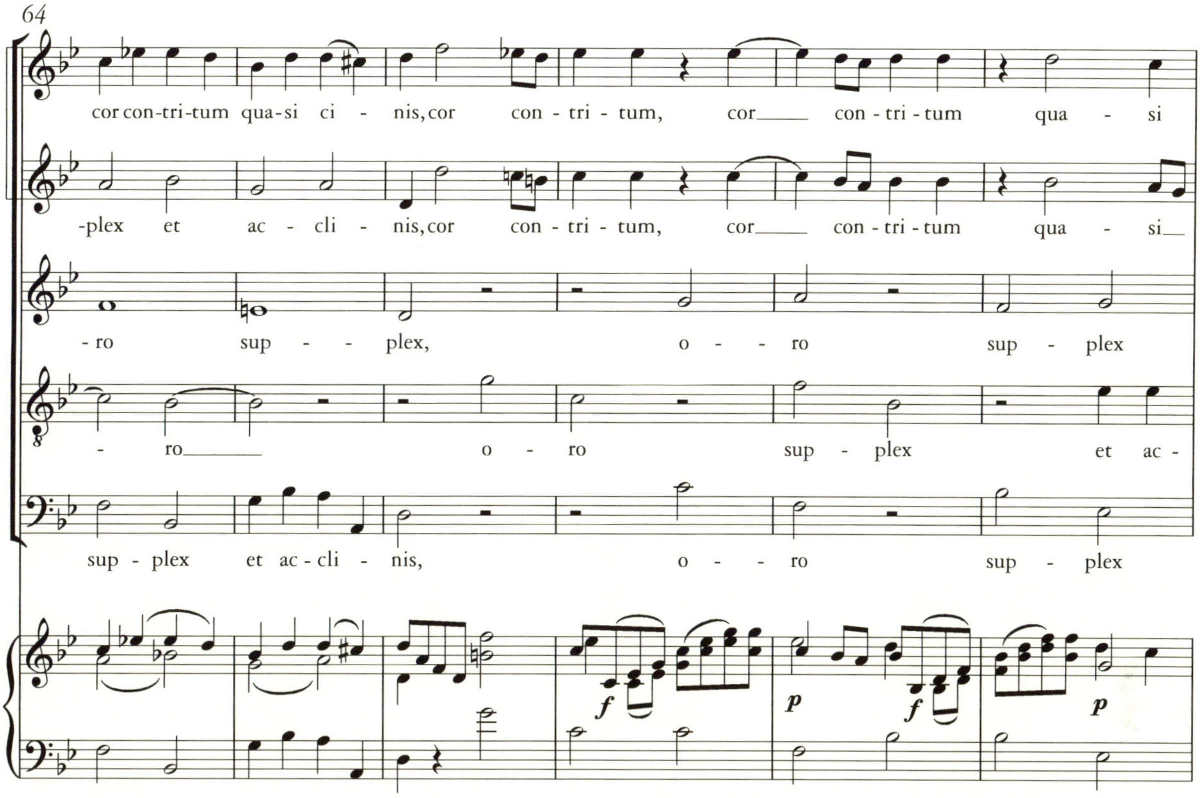
64
cor con-tri-tum qua-si ci - nis, cor con - tri - tum, cor con - tri - tum qua - si
-plex et ac - cli - nis, cor con - tri - tum, cor con - tri - tum qua - si
-ro sup - - plex, o - - ro sup - plex
- ro o - ro sup - plex et ac -
sup - plex et ac - cli - nis, o - - ro sup - plex
f
p
f
p

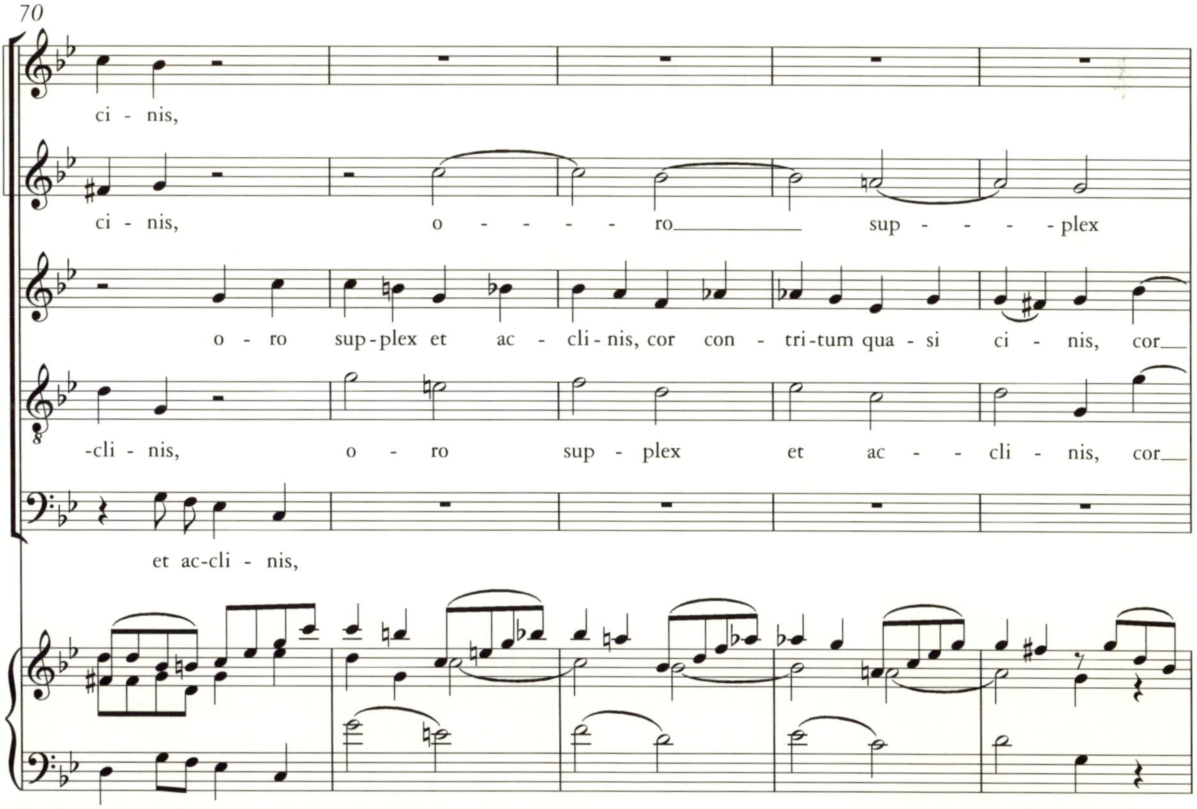
70
ci - nis,
ci - nis, o - - - - ro sup - - - - plex
o - ro sup-plex et ac - cli - nis, cor con - tri-tum qua - si ci - nis, cor
-cli - nis, o - ro sup - plex et ac - - cli - nis, cor
et ac-cli - nis,

3.g Sequentia (Lacrimosa – Pie Iesu)

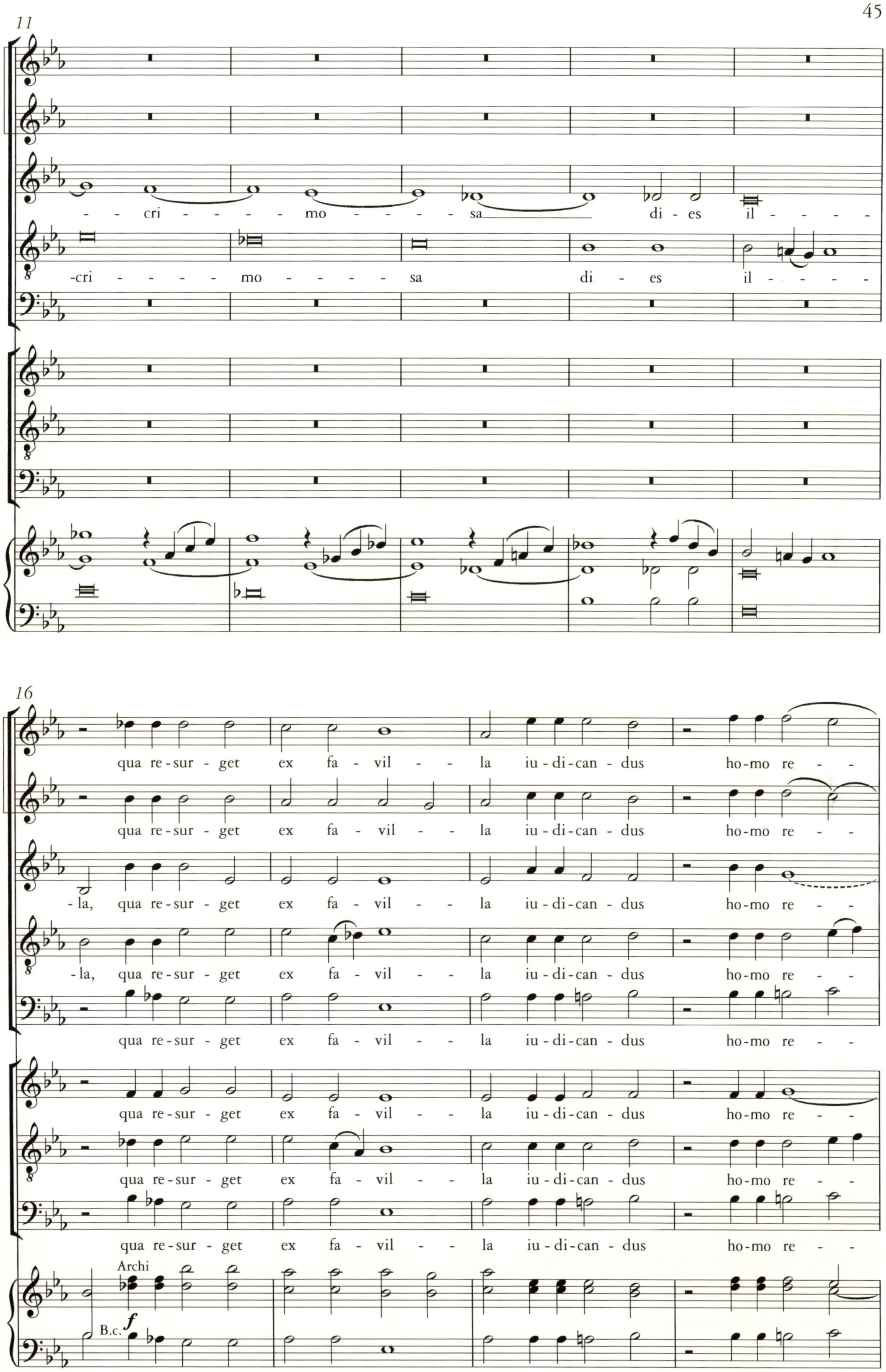
11
- cri - - - - mo - - - - - sa di - es il - - - -
-cri - - - - - mo - - - - - sa di - es il - - - -
16
qua re-sur - get ex fa - vil - - la iu-di-can - dus ho-mo re - -
qua re-sur - get ex fa - vil - - la iu-di-can - dus ho-mo re - -
-la, qua re-sur - get ex fa - vil - - la iu-di-can - dus ho-mo re - -
-la, qua re-sur - get ex fa - vil - - la iu-di-can - dus ho-mo re - -
qua re-sur - get ex fa - vil - - la iu-di-can - dus ho-mo re - -
qua re-sur - get ex fa - vil - - la iu-di-can - dus ho-mo re - -
qua re-sur - get ex fa - vil - - la iu-di-can - dus ho-mo re - -
qua re-sur - get ex fa - vil - - la iu-di-can - dus ho-mo re - -
Archi
B.c.
f

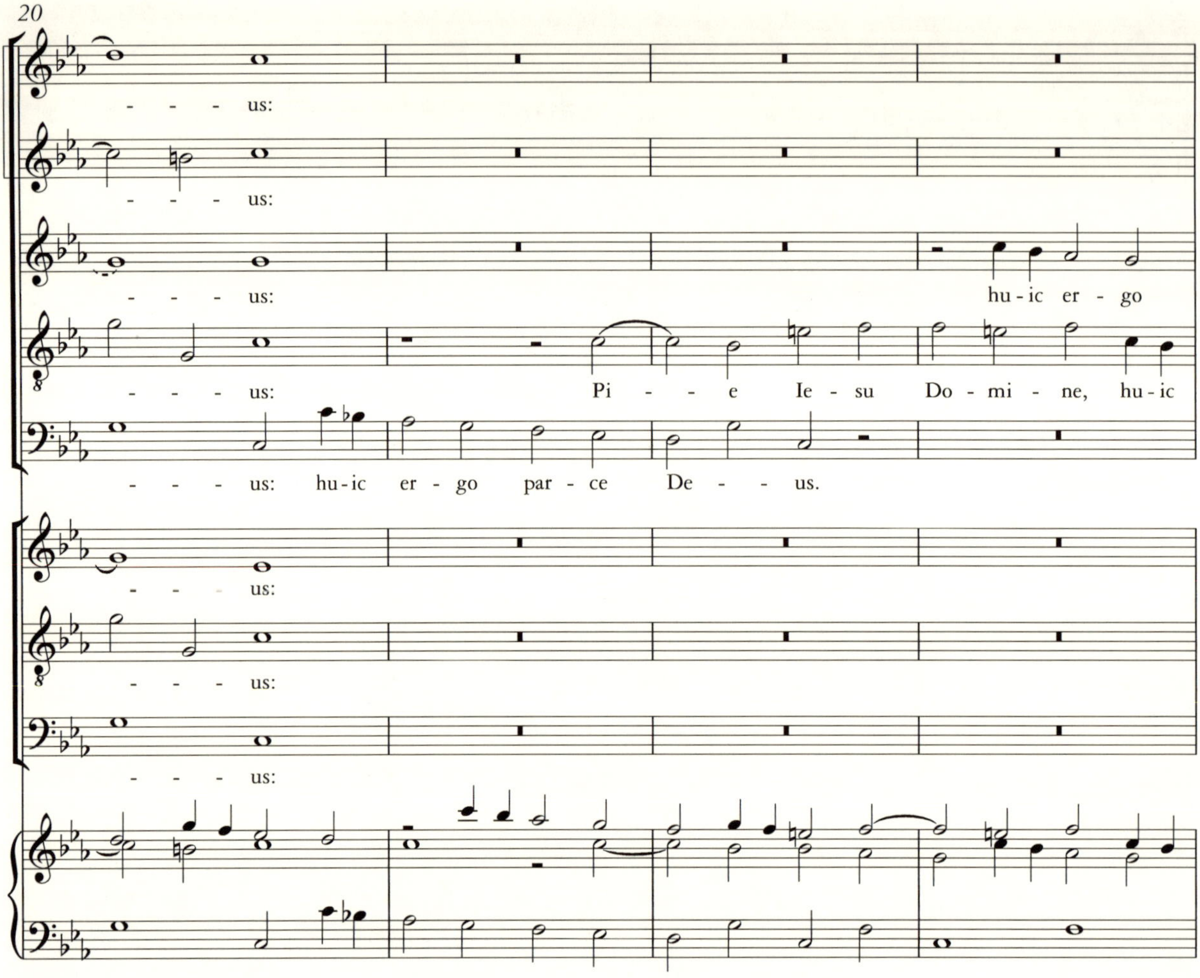
20
- - - us:
- - - us:
- - - us: hu-ic er - go
- - - us: Pi - - e Ie - su Do - mi - ne, hu-ic
- - - us: hu-ic er - go par - ce De - - us.
- - - us:
- - - us:
- - - us:

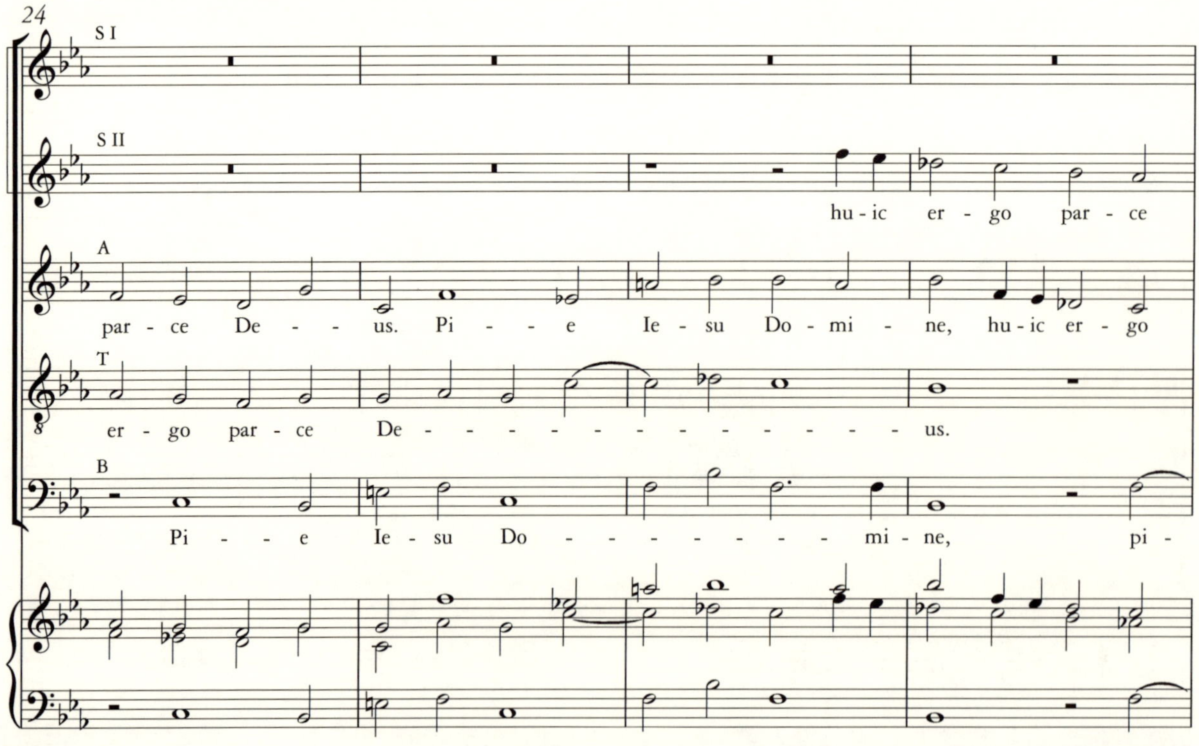
24
S I
S II
hu-ic er - go par - ce
A
par - ce De - - us. Pi - - e Ie - su Do - mi - ne, hu-ic er - go
T
er - go par - ce De - - - - - - - - - - - us.
B
Pi - - e Ie - su Do - - - - - - - mi - ne, pi -

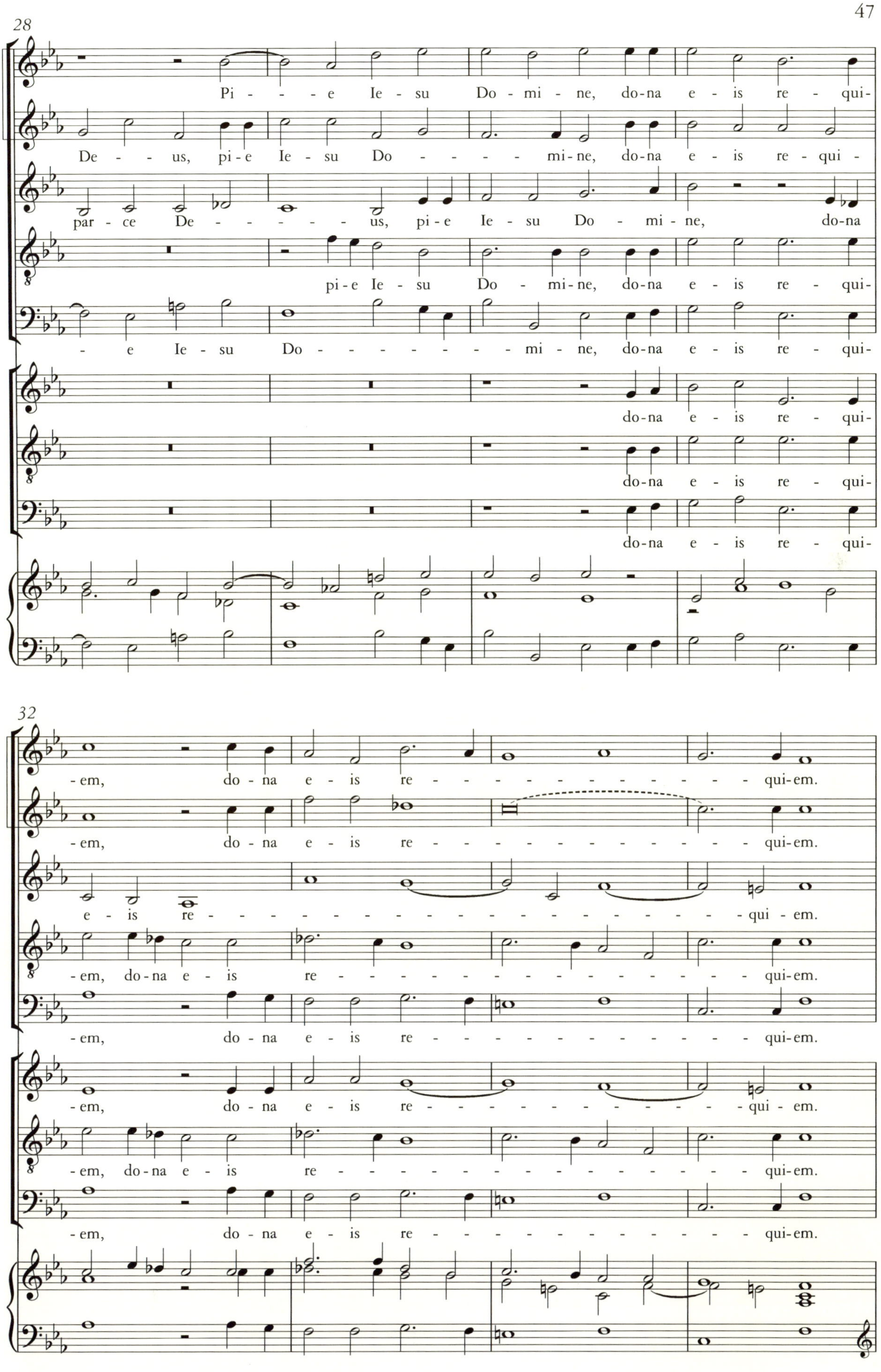
28
Pi - e Ie - su Do - mi - ne, do-na e - is re - qui-
De - us, pi-e Ie - su Do - mi-ne, do-na e - is re - qui -
par - ce De - us, pi-e Ie - su Do - mi - ne, do-na
pi-e Ie - su Do - mi-ne, do-na e - is re - qui-
- e Ie - su Do - mi - ne, do-na e - is re - qui-
do-na e - is re - qui-
do-na e - is re - qui-
do-na e - is re - qui-
32
-em, do - na e - is re - qui-em.
-em, do - na e - is re - qui-em.
e - is re - qui - em.
-em, do-na e - is re - qui-em.
-em, do - na e - is re - qui-em.
-em, do - na e - is re - qui - em.
-em, do-na e - is re - qui-em.
-em, do - na e - is re - qui-em.

4.a Offertorium (Domine Iesu Christe)

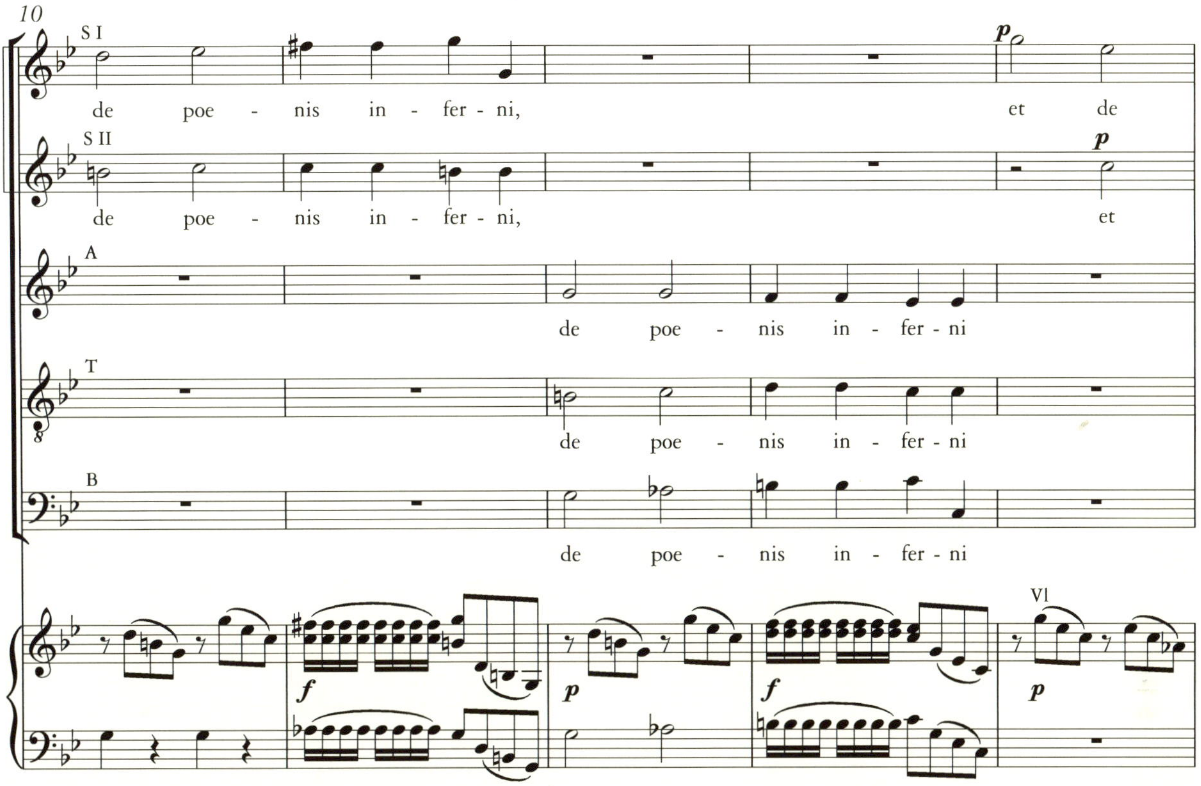
10
S I
de poe - nis in - fer - ni,
p
et de
S II
de poe - nis in - fer - ni,
p
et
A
de poe - nis in - fer - ni
T
de poe - nis in - fer - ni
B
de poe - nis in - fer - ni
f
p
f
Vl
p

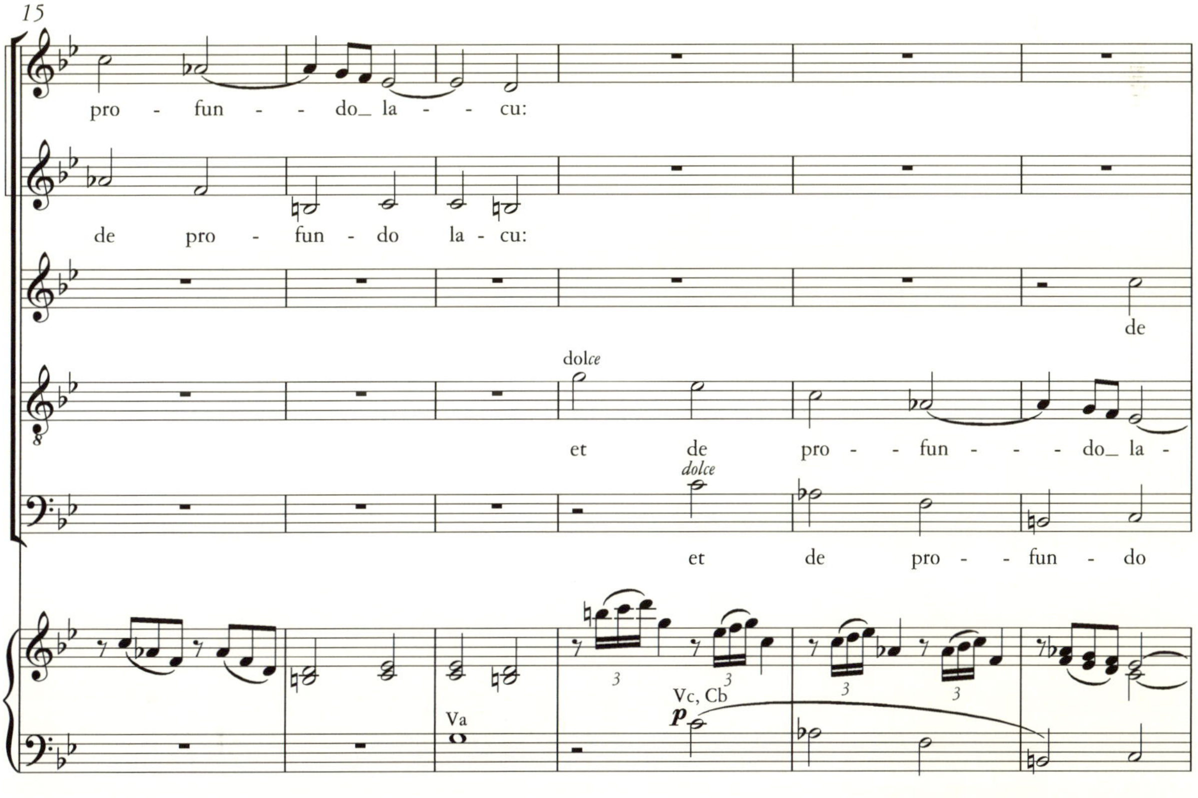
15
pro - fun - - do_ la - - - cu:
de pro - fun - do la - cu:
de
dolce
et de pro - - fun - - - do_ la -
dolce
et de pro - - fun - do
Va
Vc, Cb
p

4.b Offertorium (Versus: Hostias)

60

5.a Sanctus

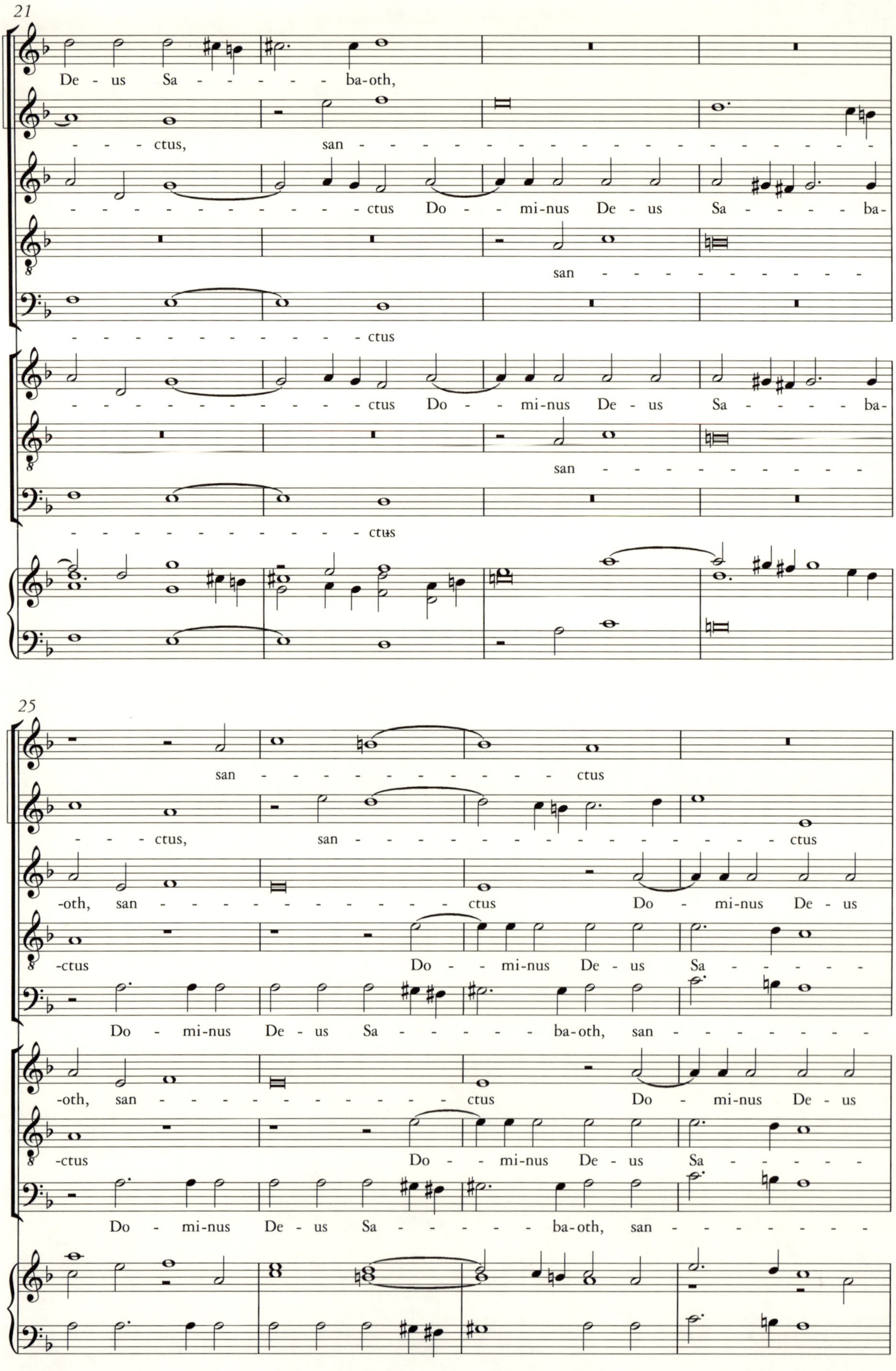
21
De - us Sa - - - - - ba-oth,
- - - ctus, san - - - - - - - - - - - - - - - - - - -
- - - - - - - - - - - - - ctus Do - - mi-nus De - us Sa - - - - ba-
san - - - - - - - - - - -
- - - - - - - - - - - - - ctus
- - - - - - - - - - - - - ctus Do - - mi-nus De - us Sa - - - - ba-
san - - - - - - - - - - -
- - - - - - - - - - - - - ctus
25
san - - - - - - - - - - - ctus
- - ctus, san - - - - - - - - - - - - - - - - ctus
-oth, san - - - - - - - - - - - - ctus Do - mi-nus De - us
-ctus Do - - mi-nus De - us Sa - - - - -
Do - mi-nus De - us Sa - - - - - - ba-oth, san - - - - - - - -
-oth, san - - - - - - - - - - - - ctus Do - mi-nus De - us
-ctus Do - - mi-nus De - us Sa - - - - -
Do - mi-nus De - us Sa - - - - - - ba-oth, san - - - - - - - -

5.b Sanctus (Benedictus)

5.c Sanctus (Osanna II)

7. Communio (Lux aeterna)

8.a Responsorium (Libera me I)

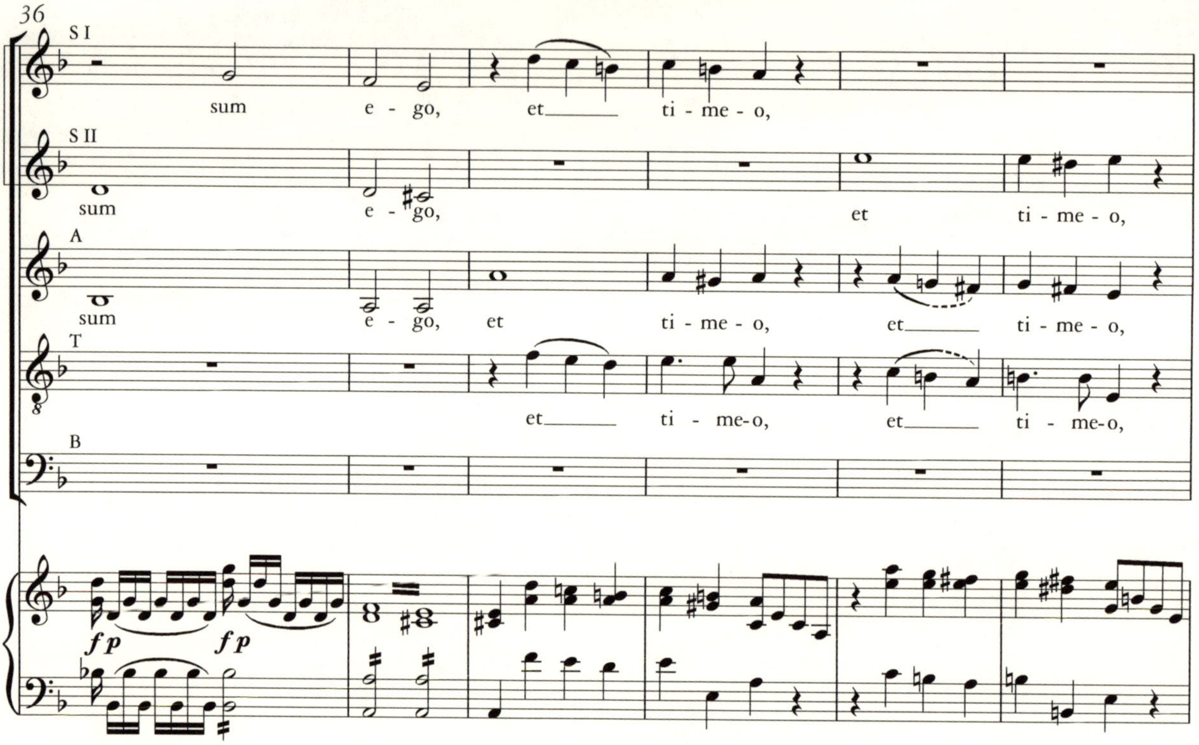
36
S I
sum e - go, et ti - me - o,
S II
sum e - go, et ti - me - o,
A
sum e - go, et ti - me - o, et ti - me - o,
T
et ti - me-o, et ti - me-o,
B

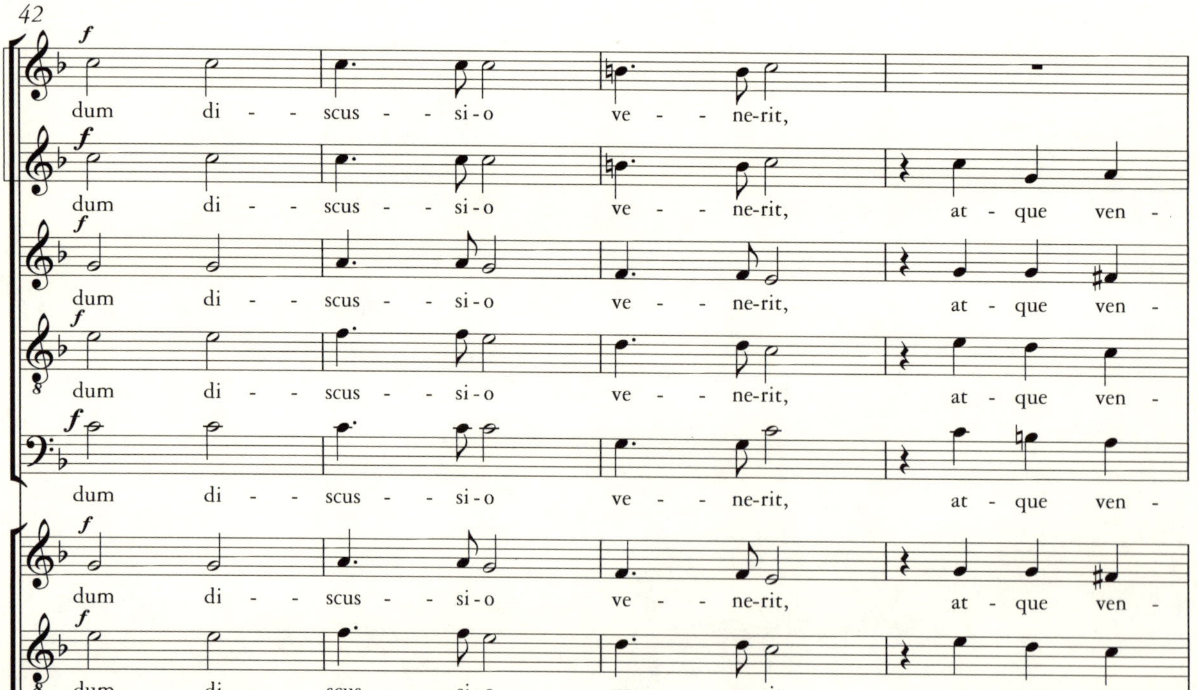
42
dum di - - scus - - si-o ve - - ne-rit,
dum di - - scus - - si-o ve - - ne-rit, at - que ven -
dum di - - scus - - si-o ve - - ne-rit, at - que ven -
dum di - - scus - - si-o ve - - ne-rit, at - que ven -
dum di - - scus - - si-o ve - - ne-rit, at - que ven -
dum di - - scus - - si-o ve - - ne-rit, at - que ven -
dum di - - scus - - si-o ve - - ne-rit, at - que ven -
dum di - - scus - - si-o ve - - ne-rit, at - que ven -

8.b Responsorium (Dies illa)

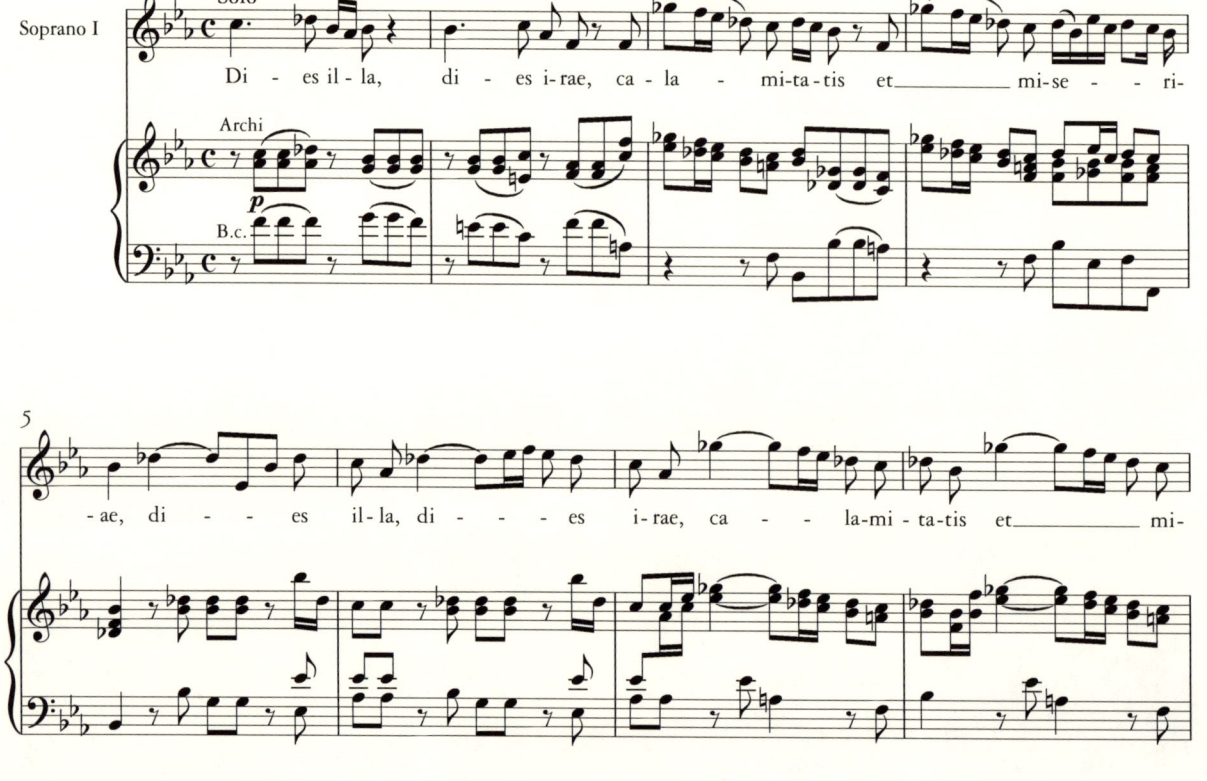

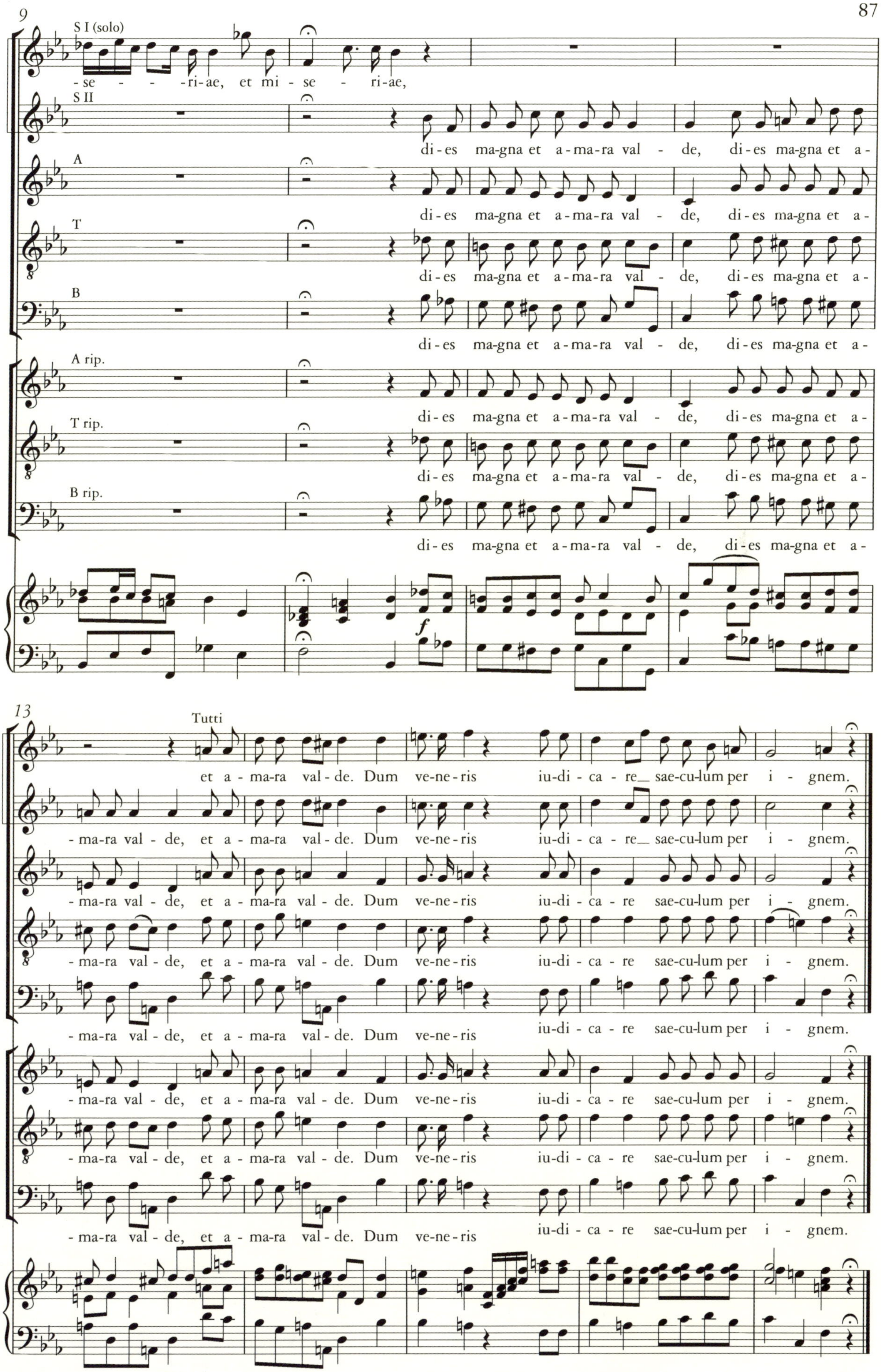
S I (solo)
-se - - -ri-ae, et mi - se - ri-ae,
S II
di-es ma-gna et a-ma-ra val - de, di-es ma-gna et a-
A
T
B
A rip.
T rip.
B rip.
Tutti
et a-ma-ra val-de. Dum ve-ne-ris iu-di-ca-re sae-cu-lum per i-gnem.
-ma-ra val-de, et a-ma-ra val-de. Dum ve-ne-ris iu-di-ca-re sae-cu-lum per i-gnem.

8.c Responsorium (Requiem aeternam)

8.d Responsorium (Libera me II)

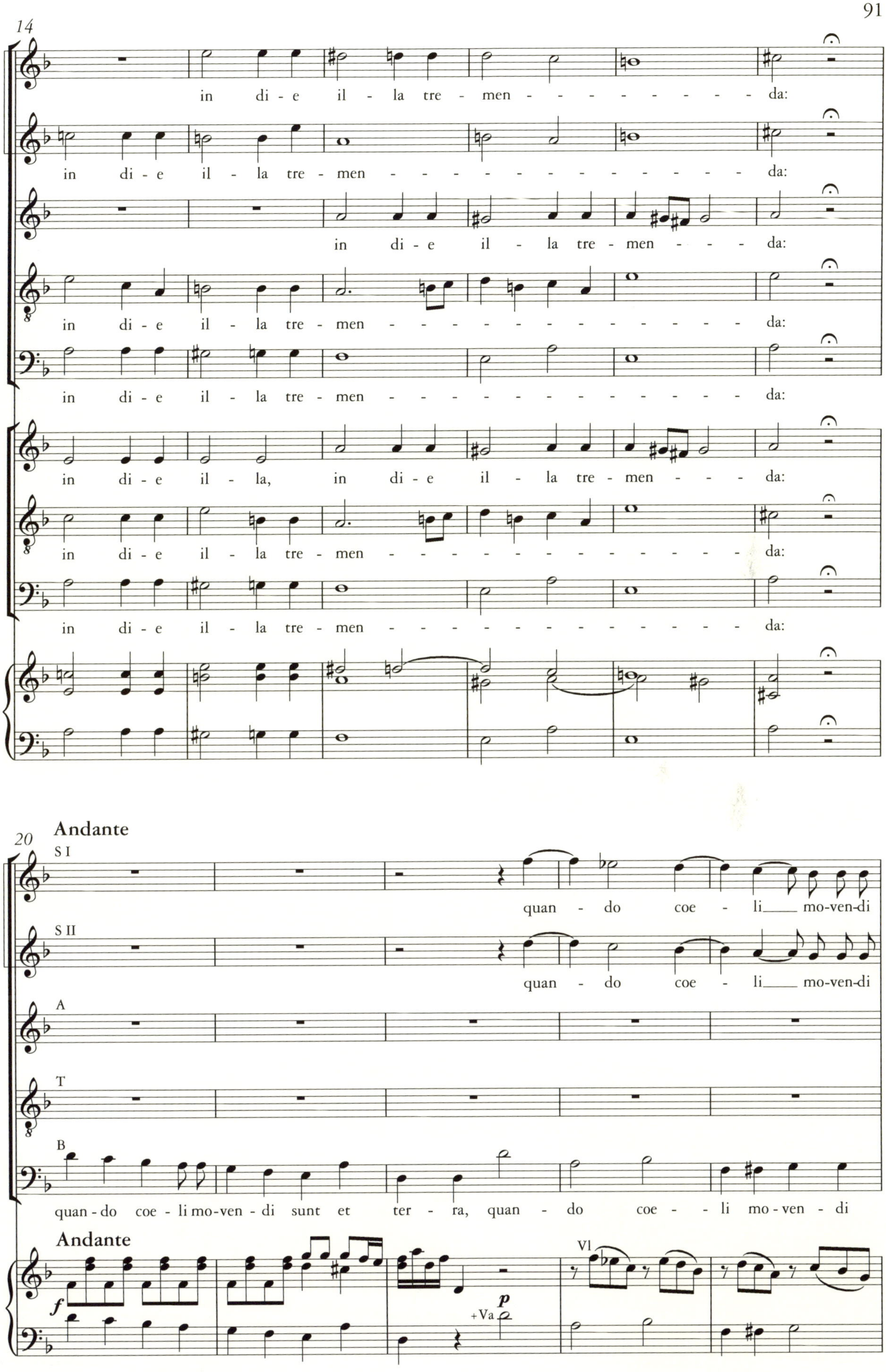
14
in di - e il - la tre - men - - - - - - - - - - - - da:
in di - e il - la tre - men - - - - - - - - - - - - - - - - da:
in di - e il - la tre - men - - - - da:
in di - e il - la tre - men - - - - - - - - - - - - - - - da:
in di - e il - la tre - men - - - - - - - - - - - - - - - da:
in di - e il - la, in di - e il - la tre - men - - - - da:
in di - e il - la tre - men - - - - - - - - - - - - - - - da:
in di - e il - la tre - men - - - - - - - - - - - - - - - da:
20
Andante
S I
quan - do coe - li mo-ven-di
S II
quan - do coe - li mo-ven-di
A
T
B
quan - do coe - li mo-ven - di sunt et ter - ra, quan - do coe - li mo - ven - di
Andante
f
p
+Va
Vl

9. Kyrie II